Território verde e rosa: construções psicossociais no Centro Cultural Cartola

Território verde e rosa: construções psicossociais no Centro Cultural Cartola

Organizadoras | Regina Glória Nunes Andrade
Cibele Mariano Vaz de Macêdo

FAPERJ — COMPANHIA DE FREUD

DIREITOS DESTA EDIÇÃO RESERVADOS À
COMPANHIA DE FREUD EDITORA
Rua Barão de Sertorio, 57
Rio Comprido – Rio de Janeiro – RJ – CEP:20261-050
Tel.: (21) 2273-9357
www.ciadefreud.com.br

EM COEDIÇÃO COM
FAPERJ – Fundação Carlos Chagas Filho de Amparo à Pesquisa
do Estado do Rio de Janeiro
Av. Erasmo Braga, 118, 6º andar – Centro
CEP: 20020-000 – Rio de Janeiro – RJ
Tel.: (21) 2333-2000
www.faperj.br

EDITORAÇÃO ELETRÔNICA
FA – Editoração Eletrônica

REVISÃO
Sandra Regina Felgueiras

CIP-BRASIL. CATALOGAÇÃO-NA-FONTE
SINDICATO NACIONAL DOS EDITORES DE LIVROS, RJ

T317

Território verde e rosa : construções psicossociais no Centro Cultural Cartola / organizadoras Regina Glória Nunes Andrade, Cibele Mariano Vaz de Macêdo. - Rio de Janeiro : Companhia de Freud : FAPERJ, 2010.
153p. :

ISBN 978-85-7724-083-8

1. Centro Cultural Cartola (Rio de Janeiro, RJ). 2. Jovens - Mangueira (Rio de Janeiro, RJ) - Condições sociais. 3. Mangueira (Rio de Janeiro, RJ) - Condições sociais. 4. Identidade social. 5. Mudança social. 6. Psicologia social. I. Andrade, Regina Glória Nunes. II. Vaz, Cibele Mariano de Macêdo. III. Fundação de Amparo à Pesquisa do Estado do Rio de Janeiro. IV. Título: Construções psicossociais no Centro Cultural Cartola.

10-2741. CDD: 302
CDU: 316.6

Sumário

Prefácio

Parece crescer atualmente o número de pesquisadores que não mais acham suficiente apenas a descrição nua e crua de uma determinada realidade social empobrecida e, assim, empenham-se na busca de perspectivas que possam converter-se em espaço estratégico de interação entre as diferentes "linguagens" que se espraiam do mundo da casa, da escola até as ruas, antenadas com o que possa servir de aprendizagem ou de abertura para o *socius* urbano. Trata-se, em outras palavras, de uma tentativa de exercício da palavra – em sentido amplo: oralidades, sonoridades e visualidades que vão mais além do confinamento livresco – compatível com a democracia que se quer na atualidade.

É bem esse o caso do livro *Território verde e rosa – construções psicossociais no Centro Cultural Cartola*, que traz um conjunto de relatos de uma experiência de cinco anos. O livro, organizado pelas pesquisadoras Regina Glória Nunes Andrade e Cibele Mariano Vaz de Macêdo, reúne diversas falas sobre trabalhos associados vinculados ao projeto com jovens e adolescentes da favela da Mangueira sobre construções de identidade cultural e autoestima.

A pertinência da temática da comunicação, em especial da comunicação comunitária com a ideia de democracia, está no cerne das características mais caras à proposta do comunitarismo. Constata-se na prática que, além de os veículos estarem vinculados a projetos bastante específicos, por sua própria existência inclusiva já engendram novas vozes no tecido social. De uma maneira bastante geral, aqueles que efetivamente se caracterizam por uma postura comunitária costumam convocar como atores sociais os mais diversificados movimentos e grupos minoritários.

Dessa maneira, pode-se conceber que, a partir da comunicação comunitária, a pluralidade das vozes possa ser uma realidade. Estima-se que seja assim possível a inserção de grupos até então à margem do espectro da visibilidade. E os registros vão para além da inserção de novos sujeitos: pode-se perceber o incontestável interesse coletivo pelo novo, pelo que se encontra excluído dos discursos produzidos pela mídia hegemônica.

A concepção de uma polifonia expressiva faz-se presente na comunicação comunitária tanto na teoria quanto na experiência prática. A pluralidade constitui uma de suas maiores bandeiras e contribui de maneira decisiva não apenas para democratizar o diálogo, mas principalmente para reduzir visões preconcebidas e preconceituosas sobre aspectos e propostas diversificados dos grupos humanos. A pluralidade conjuga-se de maneira bastante significativa na produção dos veículos de comunicação comunitária, tanto em produções ficcionais como nos informativos.

Para a dimensão acadêmica tanto da psicologia social como da comunicação, esse projeto vale como atestado de uma nova linha de trabalho: a hibridização de propósitos educacionais com práticas comunicativas no âmbito de uma cidadania problemática por se tratar de jovens oriundos de zonas periféricas da metrópole. O campo teórico acena aqui com práticas de intervenção social concreta na *Polis*, nas quais desponta como arcabouço teórico a compreensão, relativizando-se todo um paradigma que, transformado em mito, vem ocupando o centro das atenções práticas e teóricas desde a segunda metade do século XX: o da globalização. Pelo menos a proposta global entendida como transferência de sentido ou de dados, portanto como processo de informação, a tal ponto intensificada pela materialidade tecnológica que a superabundância informacional e a racionalidade funcional tendem a dominar toda dinâmica interativa.

Na hiperinformação, algo da vida parece degradar-se em função da crescente mercantilização dos tempos sociais quando não se suscita o conhecimento proveniente da identificação e diferenciação comunitárias (nas quais prevalece o campo afetivo), que é o conhecimento compreensivo. Na base de uma experiência ontológica da comunicação (em termos de ciência, política e vivência), encontra-se a interface com a psicologia social através do problema da compreensão, suscitado pela *vinculação* inerente ao *comum*. O entendimento e a explicação se obtêm por meio das interpretações que fazemos do mundo a partir de nossos habituais quadros conceituais.

A compreensão, porém, fica além desses circuitos autolegitimativos, fora dos puros atos de linguagem. Assim, em vez da pura e simples comunicabilidade (pelo menos na acepção com que este termo é empregado na atual sociedade tecnológica), põe-se em primeiro plano a compreensibilidade como o problema da articulação dos caminhos que possibilitam toda e qualquer percepção, mas uma compreensibilidade que não deixa de lado os aspectos políticos e existenciais das populações atravessadas pela crescente mercantilização da vida social e pela hiperinformação tecnologizada.

O Rio é uma cidade de fortes contrastes. Se por um lado recebe as influências características das metrópoles mundiais, por outro lado convive com situações características da Idade Média, nas quais a barbárie frequenta não apenas as páginas dos jornais, mas também o quotidiano das pessoas. Exatamente por vivenciar aspectos muito negativos da existência humana, a cidade tem visto surgirem propostas, ainda que esparsas, de reinterpretação das relações humanas e sociais. São propostas voltadas para uma ampliação da participação dos indivíduos nos espaços, instituições e organizações que compõem a cidade.

"Mundo" (do latim *mundus*, a fossa em torno da qual Rômulo e Remo fundaram Roma) é o universo dos próximos, dos semelhantes entre si. E esta publicação pretende, além de dar visibilidade aos projetos realizados de 2004 a 2009, a tarefa de unir os dois mundos, o acadêmico e o do espaço geográfico da favela da Mangueira. O ponto de interseção entre os dois tão distintos universos estabeleceu-se a partir das práticas realizadas do projeto. Espera-se que a unidade possa se estabelecer a partir dessa ponte de construções concretas que deixa nas próximas páginas uma sugestão e um exemplo.

Raquel Paiva
Professora Associada da Escola de Comunicação da
Universidade Federal do Rio de Janeiro.
Autora de vários livros sobre comunidades.

Depoimento

Organizamos esta coletânea, eu e Cibele Mariano Vaz de Macêdo, para divulgar os resultados de um percurso acadêmico que me acompanha desde os anos 90, quando como professora comecei os trabalhos de orientação de Iniciação Científica de Dissertações de Mestrado e de Teses de Doutorado e necessitei criar um Grupo de Pesquisa. Percebi imediatamente que deveria criar esse grupo com pares, colegas, mas, sobretudo, com os alunos. Essa necessidade se desdobrava em várias outras tais como disponibilidade de espaço, material de trabalho e, principalmente, um local onde pudéssemos realizar as pesquisas. As duas primeiras condições foram realizadas de maneira peculiar, mas, igual para todos os professores universitários do Brasil, improvisadamente. O local de trabalho para desenvolver as pesquisas foi o mais difícil de ser encontrado.

A necessidade de encontrar um local onde possamos realizar pesquisas parece fácil mas é muito complicado porque é necessário consolidar os trabalhos e dirigi-los muito determinadamente. Nossos agradecimentos se iniciam por volta de 2002 quando a Profa. Dra. Lucia Maria Ozório voltou de seu Doutorado na Universidade de Paris VIII e nos pôs a par de uma metodologia de pesquisa bastante especial. Ao mesmo tempo, Teresa Cristina Eustaquio da Silva, candidata ao Mestrado, me apresentou ao Centro Cultural Cartola (CCC), recentemente criado, e a Nilcemar Nogueira, sua idealizadora, fundadora e neta de Angenor de Oliveira, nosso Cartola. Nosso colega e amigo, o Prof. Dr. Roberto Moura, ao qual agradecemos *in memoriam*, foi um grande incentivador para esse trabalho no Centro Cultural Cartola.

Ainda nos faltava muito a caminhar.

Nesse mesmo tempo, apresentei uma pesquisa ao CNPq – Conselho Nacional de Ensino e Pesquisa que foi aprovada e realizada durante três anos. Mas o trabalho com a Comunidade envolve outros investimentos e a grande pergunta sempre foi e é: com qual financiamento vamos trabalhar? Optamos então pela concentração na universidade, utilizando seu material e com a participação de nossos recursos, e aproveitamos um Convênio celebrado entre a UERJ e o Centro Cultural Cartola. Nessa linha dos auxílios recebi como pesquisadora do Estado do Rio de Janeiro, através da FAPERJ – Fundação Carlos Chagas Filho de Amparo à Pesquisa do Estado do Rio de Janeiro, auxílio para material de pesquisa todo centralizado na UERJ, auxílio para viagens a Congresso no exterior, auxílio de editoração para este livro e Bolsas para os alunos do Programa de Pós-Graduação em Psicologia Social realizarem suas pesquisas e obterem seus títulos. Nosso agradecimento se estende a avaliadores que souberam reconhecer a necessidade das pesquisas em Comunidades e às Instituições públicas que nos apoiaram.

Graças a estes recursos, já apresentamos nossos trabalhos em 13 países diferentes, incluindo quatro vezes na Universidade de Paris V, ao Prof. Michel Maffesoli, que nos deu a honra de fazer a primeira visita oficial ao Centro Cultural Cartola e ouvir a Orquestra de violinos das crianças e jovens. Esta visita está documentada e já foi mostrada em vários estados brasileiros; no caso, nove universidades brasileiras diferentes.

Esse depoimento também é uma baliza e um balanço no trabalho realizado até este momento. À Comunidade da mangueira através das famílias dos jovens, ao pessoal que trabalha no CCC e aos jovens propriamente ditos, nossos agradecimentos. Realizamos e orientamos, já, seis Dissertações de Mestrado, duas Teses de Doutorado e alguns alunos de iniciação científica que se beneficiaram de pesquisas realizadas no CCC. Aos colegas professores doutores que participaram das bancas de qualificação e de defesa de Mestrado e de Doutorado, nossos pares nessa caminhada, agradecemos cada colaboração, pois só nos fizeram crescer e ampliar nosso desejo de estar cada vez mais envolvidos com a Comunidade.

Lá na Comunidade da Mangueira temos várias âncoras, mas a principal delas é Nilcemar Nogueira. O nível e a relação transferencial que conseguimos estabelecer em nossa pesquisa e com a UERJ, com os alunos que aqui relatam suas pesquisas, ou com os que apresentam um trabalho de colaboração, é muito intenso. O pessoal de secretaria, os jovens, as crianças e suas famílias recebem "o pessoal da UERJ" de braços abertos. Mais que isto, colaboraram e ofereceram os dados necessários à realização das pesquisas participativas que propusemos.

Convivendo com Nilcemar Nogueira, fundadora, diretora e idealizadora desse centro e desta missão, é que descobri que é possível sonhar e realizar um sonho, mesmo que pareça impossível de conseguir. Agradecemos especialmente sua colaboração e aproveitamos o momento para dizer a Nilcemar Nogueira que nosso entusiasmo permanecerá sempre em nossa atuação na Comunidade da Mangueira, em especial no CCC.

Nossos resultados estão nos capítulos que seguem, porque em todos há a certeza de que a subjetividade e a cultura só se enriquecem a partir do imaginário, das experiências e das vivências, as quais quem frequenta o Centro Cultural Cartola conhece. E então cada um de nós lidou com uma grande quantidade de pessoas, temas, expectativas e anseios. No momento estamos buscando a parceria com a Escola a partir do CIEP-241 – Nação Mangueirense Governador Leonel Brizola para levantamento de dados sobre aprendizagem e educação, dentre outros temas.

Finalmente, devo dizer que sou uma entusiasta da cultura: acredito que a música, a dança, o samba ou os tambores, que fazem parte de minha raiz baiana, podem modificar e despertar a esperança necessária para viver. Qualquer música de Angenor de Oliveira, nosso Cartola, me emociona, qualquer samba da Mangueira me mobiliza e exageradamente repito os versos que cantei na Sapucaí, no Rio de janeiro, neste Carnaval de 2010, quando desfilei pela Escola de Samba Estação Primeira da Mangueira:

> Meu coração é verde e rosa
> Descendo o morro, eu vou,
> O samba alegria do povo...
> Chegou a Mangueira... chegou.

Regina Andrade

Salvador, abril de 2010, madrugada ainda estrelada

Apresentação

Território verde e rosa: construções psicossociais no Centro Cultural Cartola surge como resultado do esforço conjunto de professores e pesquisadores empreendido, desde 2003, na pesquisa "Construções de identidade cultural e autoestima com jovens e crianças no Centro Cultural Cartola (CCC)" vinculada ao Programa de Pós-Graduação em Psicologia Social da Universidade do Estado do Rio de Janeiro que, em parceria com o CCC, desenvolve trabalhos voltados aos aspectos psicológicos, sociais, culturais, criativos e de cidadania.

Os capítulos apresentados neste livro constituem pesquisas autônomas, com temáticas diversas – desde autoestima, vulnerabilidade e ética a contemporaneidade, trabalhadores culturais e território –, unidas pela confiança na possibilidade de o contato e as trocas entre comunidade e universidade propiciarem a construção de um saber científico crítico e implicado socialmente. Esses capítulos são inspirados nos trabalhos de Mestrado e de Doutorado realizados por cada autor e nos trabalhos de pesquisa participativa dos professores.

A única pretensão dos capítulos aqui escritos é contribuir para a discussão acerca do acesso à cultura como potencial transformador da posição do sujeito em seu contexto social, por meio do desenvolvimento da identidade e da cidadania cultural. Em todos eles é identificável a preocupação em refletir a responsabilidade social das pesquisas acadêmicas.

O presente livro concretiza a possibilidade de oferecer ao leitor uma síntese sistematizada das produções feitas nesses anos de pesquisa-ação. Nesse sentido, cada capítulo nos oferece as reflexões realizadas em torno do Centro Cultural Cartola, das pessoas que o frequentam e de seu contexto de inserção, a Mangueira. Todos os trabalhos relizados foram previamente propostos por Nilcemar Nogueira como demanda institucional e da Comunidade.

Com o intuito de ampliar a discussão, dois textos foram incluídos no livro: o capítulo do professor do Programa de Pós-Graduação em Comunicação Social da UERJ, João Maia, em coautoria com o mestrando Pedro Prata, que se refere ao trabalho realizado na ONG Meninas e Mulheres do Morro na Candelária/Mangueira, e o capítulo da Diretora de Projetos Especiais do CCC, Nilcemar Nogueira, em coautoria com a mestranda Edna de Assunção Melo Chernicharo, que nos revela o histórico de fundação do CCC.

No primeiro capítulo, *Georreferenciamento social: territórios e fronteiras na cidade*, Cibele Mariano Vaz de Macêdo relê a ocupação socioespacial do Rio de Janeiro, conduzindo um diálogo que leva o leitor a caminhar com ela desde a vinda da família real portuguesa e suas transformações na cidade até o surgimento das primeiras favelas – na expectativa de repensar o paradoxo provocado pela intervenção urbana com vistas a modernizar a cidade e suas consequências na segregação da ocupação do espaço urbano. Para tanto, procurou-se assinalar que a estrutura socioespacial do Rio de Janeiro suplanta a polarização dicotômica dos territórios.

No segundo capítulo, *Carnaval, samba e comunicação virtual na comunidade da Mangueira*, Cândida Rosa Ferreira Costa faz uma reflexão acerca do significado do carnaval e de sua importância para o país pelo viés da identidade cultural em sua perspectiva histórica. Reflexão feita a partir da observação direta dos preparativos para o carnaval, no ano 2004, da Escola de Samba Estação Primeira de Mangueira e de sua repercussão na mídia, abordando a virtualidade do carnaval.

Centro Cultural Cartola: lugar que acontece, capítulo 3, escrito em parceria por Nilcemar Nogueira e Edna de Assunção Melo Chernicharo, apresenta a história e a obra de Angenor de Oliveira, o Cartola, aclamado compositor e fundador da Estação Primeira de Mangueira que, escolhido como patrono, inspirou a fundação do Centro Cultural Cartola: instituição fundada em 2001 com o intuito de oferecer atividades culturais e esportivas aos moradores da Mangueira e incentivar a preservação e a transmissão da memória local e do samba.

O professor João Maia e o mestrando Pedro Prata escreveram *Comunicação e cidade: juventude e pirataria como exercício de cidadania cultural*, capítulo 4 em que abordam a produção cultural a partir da cidadania cultural e das práticas juvenis inovadoras. No trabalho realizado na ONG Meninas e Mulheres do Morro, situada na Candelária/Mangueira, os autores destacam a criatividade dos jovens como uma forma de resistência e de atuação cidadã.

No capítulo 5, *Como se ser, se não se sabe? O conhecimento como possibilidade de superação – em condições de vulnerabilidade*, Sonia Bahia nos traz a construção da trajetória de vida de Nilcemar Nogueira. A autora enfatiza a reconstituição da história e da memória coletiva como meio de resgatar o protagonismo e ser capaz de ultrapassar condições de vulnerabilidade, ao considerar que o conhecimento exerce papel fundamental na superação de situações sociais adversas.

No capítulo 6, *Jornal A voz do morro*, Tereza Cristina Almada Eustáquio da Silva, interessada nos objetos comunicacionais e culturais, investiga a vocação para comunicar da Comunidade da Mangueira, que lançou o primeiro jornal comunitário ainda em 1935. O jornal A voz do morro deixa clara a necessidade de expressão da Mangueira e evidencia como a comunicação comunitária contribui para a circulação da informação e para o reforço ao pertencimento.

Já no adiantado do livro, capítulo 7, temos a proposta de Edna de Assunção Melo Chernicharo, em *Causa Cartola: causa sociocultural*, que desenvolve o conceito de causa e entende o Centro Cultural Cartola, com sua *causa Cartola*, como um espaço que proporciona a abertura para o surgimento de novas possibilidades socioculturais na vida daqueles que o frequentam e também daqueles que tornam realidade as iniciativas do CCC, seus trabalhadores culturais.

Ressaltando uma pesquisa-ação desenvolvida com jovens e crianças do CCC, em *Composições do viver: ética e estética na experiência de intervenção na Mangueira*, Martha Bento Lima, no capítulo 8, nos apresenta o relato da oficina de criatividade e o processo de composição musical através de acurada reflexão sobre o paradigma ético-estético-político. Nesse trabalho, crianças e jovens compuseram cinco músicas que foram todas gravadas.

Por fim, o nono capítulo, *Vulnerabilidade cultural de jovens da Comunidade da Mangueira*, de Andreya Mendes de Almeida Scherer Navarro e Regina Glória Nunes Andrade, propõe uma discussão transdisciplinar acerca de aspectos da vulnerabilidade cultural existentes na vida de pessoas que vivem em locais como a Mangueira. As autoras alertam para os riscos na falta de autonomia e no consequente desgaste nas produções culturais dessas populações. Desse modo, o texto destaca a relevância do trabalho de reapropriação das raízes e da ancestralidade cultural da Mangueira, feito pelo Centro Cultural Cartola, para que crianças e jovens alcancem sua autonomia cultural e exerçam sua cidadania.

A organização deste livro é não só uma maneira de perpetuarmos a memória da pesquisa participativa na comunidade, como também de divulgar os trabalhos de profissionais que realizaram pesquisas no campo social da Mangueira e suas conquistas e investimento na singularidade de cada estudo. Por essa razão, e outras tantas, ele representa a abertura para novas perspectivas na pesquisa e da parceria comunidade e universidade, academia e samba e a certeza de que esse investimento é frutífero, porque continua e amplia o alcance de nossas reflexões e de nossos leitores.

Mês de julho na cidade do Rio de Janeiro

Regina Andrade
Cibele Mariano Vaz de Macêdo
Organizadoras

Georreferenciamento social: territórios e fronteiras na cidade

Cibele Mariano Vaz de Macêdo

Este capítulo inicia-se refletindo sobre o processo de desenvolvimento e urbanização da cidade do Rio de Janeiro, apresentando seu percurso histórico com o intuito de traçar um panorama de como esse processo influenciou direta e indiretamente a produção das favelas cariocas. Tal abordagem justifica-se por ter-se considerado de extrema relevância compreender o contexto de desenvolvimento *sócio-histórico-espacial* da cidade do Rio de Janeiro para, a partir disso, iniciar a pesquisa de grupo operativo[1], desenvolvido no Centro Cultural Cartola (CCC) na Mangueira. O grupo operativo se propunha investigar a relação estabelecida entre território, identidade cultural e imagem de si e seus consequentes desdobramentos na vida de crianças e jovens que frequentam o CCC. Para tanto, considerou-se necessário retornar à Capital Federal do final do século XIX e início do século XX.

Acervo CCC

A cidade e sua urbanização, desde longo tempo, têm sido tema de estudos de diferentes áreas de conhecimento como a filosofia, a comunicação social, a geografia, a história, a antropologia, a psicologia e a sociologia, para citar algumas. Seu funcionamento, desenvolvimento e diversidade chamam a atenção de pesquisadores que almejam apreendê-los em sua complexidade.

O homem, ao estabelecer uma nova forma de relação com a natureza, pelo processo de sedentarização, iniciou o processo de nascimento das primeiras formas de cidade. Momento em que já se encontravam presentes a preocupação com a organização social, a gestão da produção e do poder, a conquista territorial e a produção de mitos e símbolos, características ainda encontradas na diversidade das cidades contemporâneas (Rolnik, 2004).

A cidade sempre foi compreendida como um local de multiplicidade, diversidade e coexistência. Vainer (1998) compreende que desde a Antiguidade a imagem da cidade reflete o diverso. A multiplicidade permanece acompanhando a cidade. De acordo com Velho (1995), na metrópole moderna pode-se circular por mundos distintos e diferenciados, podendo-se fazer parte de todos ou de nenhum deles.

Na definição de Castells (2000), a cidade projeta a sociedade no espaço ao influenciar a organização deste pelas disposições sociais referentes a períodos distintos. Consequentemente, como Velho (1995) assegura, as mudanças econômicas e políticas estão diretamente ligadas às formas de representação e construção da realidade na metrópole. O espaço figura-se em consonância com as características de cada momento da disposição social e acompanha sua evolução (Abreu, 2008). Desse modo, Rezende (1982) enfatiza que a cidade é o resultado, inacabado e em mutação, da mediação de estruturas sociais, econômicas e políticas.

O espaço transforma-se radicalmente com a passagem da vila medieval para cidade. Ele passa a ser mercantilizado e dividido por classes sociais (Rolnik, 2004). Sendo assim, De Certeau (2008) assegura que a cidade organiza-se por ações especulativas e classificatórias: constituição do espaço combinando propriedades estáveis, isoláveis e articuláveis, por meio de gestão e eliminação. A cidade promove uma diferenciação e uma redistribuição do espaço e nega tudo o que considera intratável na concepção de uma administração funcionalista.

Velho (1995) evidencia que a cidade moderna reinventa-se constantemente e fabrica realidades e processos de diferenciação. Consequentemente, surge uma multiplicidade de estilos de vida até então inexistentes. Para Vainer (1998), a cidade admite e, mais que isso, produz a heterogeneidade por ser característica útil ao seu funcionamento e por ser ainda resultado de processos sociais historicamente instituídos.

A cidade contemporânea, em seu modelo capitalista, encontra-se cada vez mais imersa em avanços industriais, tecnológicos e de bem-estar, que reverberam em todas as partes do globo. Entretanto, a distribuição desses benefícios é feita de forma diferenciada, resultando no aumento da privação, pobreza e marginalização social, como condizem Santos (1997), Martins (2002) e Costa (2005).

Para Martins (2002), a diferenciação na distribuição de bens é mais complexa. O autor acredita que a questão é mais social que econômica e que para solucioná-la seria necessário promover uma distribuição justa dos bens sociais, culturais e políticos. Nesse sentido, Ribeiro (2000) mostra que o aumento do acesso aos serviços sociais de saneamento básico, educação e transporte, além das facilidades de consumo, fez com que surgisse uma nova forma de desigualdade relacionada à qualidade dos serviços oferecidos nos diversos pontos da cidade.

Grupo Operativo – CCC

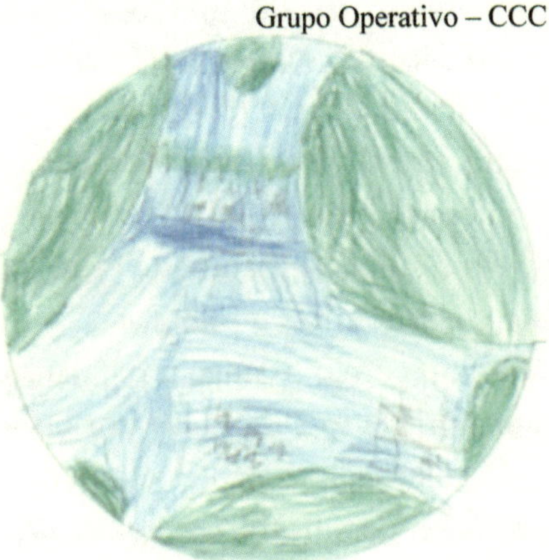

Duas falas de crianças do CCC exemplificam bem a afirmação de Martins (2002), a de que, apesar do acesso aos serviços públicos e aos bens de consumo ter aumentado, ainda lhes falta qualidade. No dia 12/03/2008 a Griô[2] do CCC estava contando a história dos primeiros moradores da Mangueira e L.N.A.[3] (11 anos) comentou: "Os pobres de hoje têm mais coisas que os pobres de antes". Em outra situação, no dia19/09/2008, N.T.Y. (10 anos) chegou cedo para assistir à oficina da Ação Griô; havia quase dois meses que ela não vinha ao CCC. Quando questionada por que faltou tanto, ela respondeu: "Minha professora estava doente, fiquei sem aulas e viajei para a casa da minha tia em Maricá".

Com efeito, a parcela da população que tem acesso de qualidade inferior adapta-se para encontrar formas de apropriação em relação aos bens sociais oferecidos. Exemplo dessa prática são os *gatos* de TV a cabo e internet, DVDs e CDs *piratas*, celulares e câmeras digitais comprados em muitas prestações ou sem documentação em lojas também *piratas*. Rolnik (2004) relaciona esse consumo a uma forma encontrada de legitimar uma apropriação do tempo, do espaço e do exercício da cidadania pela cultura.

Na atividade de Entrevista (05/09/2008) do Grupo Operativo, L.N.E. (13 anos) respondeu que seu sonho era ter um computador. Porém, na atividade de Autógrafos (19/09/2008), L.N.E. (13 anos) disse que passa muitas horas na Internet e tem amigos virtuais – o que permite entender que ela, embora não tenha um computador, encontra formas de usá-lo, como, mais adiante, relata frequentar "*lan houses* ou casas de amigos que tenham computador".

Nesse contexto, o relato de Maiolino (2005) sobre o Rio de Janeiro demonstra a complexidade relativa à distribuição socioespacial na cidade, no qual descreve:

> [...] a existência de um núcleo onde se concentra a elite, de uma periferia predominantemente pobre, mas que vem se diversificando socialmente, de favelas que se adensam, de outras que se desdensificam, das classes médias mais abastadas que tendem a se isolar em determinados bairros, mas, ao mesmo tempo, de uma intensa mistura social dentro dos bairros formais, inclusive os da "rica" zona sul [...] (Maiolino, 2005, p. 68).

Extrato que corrobora a concepção de cidade elaborada por De Certeau (2008, p. 172), que descreve a pluralidade da cidade, ao afirmar não ser possível aproximar a cidade de seu conceito, pois "planejar a cidade é ao mesmo tempo pensar a própria pluralidade do real e dar efetividade a este pensamento do plural: é saber e poder articular". Assim, o próximo item apresenta um panorama histórico da cidade do Rio de Janeiro com o intuito de promover uma apreensão de sua atual realidade socioespacial.

O desenvolvimento urbano do Rio de Janeiro

Fundada em primeiro de março de 1565, a cidade do Rio de Janeiro foi a capital do Brasil entre os anos de 1763 e 1960. Até 1950, foi a cidade mais populosa do país, concentrou as principais indústrias e atraiu imigrantes brasileiros e estrangeiros (Abreu, 2008). Entretanto, conforme Rolnik (2004) descreve, em meados do século XIX a cidade conservava características de uma cidade colonial. Em 1808, a chegada da família real iniciou um longo processo de transformações sociais e políticas. Já no ano de 1821, um ano após a independência do país e treze anos após a chegada da família real, o Rio de Janeiro foi descrito por Abreu (2008) como uma cidade modesta.

Nesse momento era possível observar certa diferenciação na ocupação do espaço da cidade. As classes dirigentes habitavam as freguesias da Candelária e São José: quem tinha poder de mobilidade morava em chácaras em Botafogo, influenciado pela rainha Carlota, ou em São Cristóvão, local da residência da família real. Os demais habitantes da cidade, aqueles que não tinham condições de mobilidade, adensavam-se nas freguesias que hoje correspondem aos bairros da Saúde, Santo Cristo e Gamboa (Abreu, 2008).

Contudo, também no período do século XIX, o Rio de Janeiro passou por um processo de expansão que afetou sua geografia, sua história e suas redes de sociabilidade. Não obstante, Gonçalves (2007) adverte que tal desenvolvimento não ficou imune a tensões e ambiguidades. Conforme Abreu (2008) destaca, a cidade, beneficiada por ações do poder público, passou a ter ruas da área central calçadas com paralelepípedos, iluminação a gás e serviços de esgotos sanitários, sendo a quinta cidade do mundo a contar com tais serviços.

Mesmo período em que ocorreu o aumento da população de baixa renda nas áreas ainda disponíveis aos trabalhadores livres e escravos de ganho, que diariamente circulavam pelo centro da cidade em busca de trabalho. Para Abreu (2008), entre outros fatores, a precariedade e o custo dos meios de transporte coletivo favoreciam esse quadro.

Ao final do século XIX, a economia do Rio de Janeiro assistia à propagação das fábricas, ao fim da escravidão, ao declínio do café e a um crescimento populacional impulsionado pela chegada de estrangeiros, principalmente italianos, espanhóis e portugueses, que chegavam da Europa sem terra, propriedade ou dinheiro e, sobretudo, sem profissão (Rolnik, 2004). Cenário que agravou a questão habitacional, adensou os cortiços do centro e tornou mais evidentes as diferenças entre classes sociais na cidade.

Governantes e burguesia carioca empenharam-se no projeto de urbanização da cidade. Costa (2005) ressalva que as classes dirigentes seguiam a tendência da burguesia francesa e cobravam dos administradores uma cidade limpa, bela e livre da sujeira dos maus hábitos de seus moradores. Assim, foram empreendidas reformas urbanas e de costumes, fazendo com que a cidade evidenciasse todas as "benesses e ambiguidades da metrópole em formação" (Gonçalves, 2007, p. 24).

Esse foi um período marcado pela realização de obras de saneamento, demolições, calçamentos, desmontes de morros, aberturas de avenidas e construções de monumentos. Constant (2007) relata que nada deveria ser obstáculo para a transformação da cidade: terras foram desapropriadas, casas demolidas e a população de baixa renda removida das áreas centrais da cidade, principal local da realização dos programas de modernização.

Rezende (1982) lembra que desde os últimos 25 anos do século XIX estavam presentes as discussões sobre a questão sanitária, que receberam maior destaque nas três primeiras décadas do século XX e foram ainda discutidas até o final da década de 1940. É importante observar que, sempre vinculada a esse tema, a estética também era enfatizada.

Maiolino (2005) destaca que as palavras higiene e embelezamento foram protagonistas, especialmente durante a administração de Pereira Passos (1902-1906). Com o apoio do presidente Rodrigues Alves, Pereira Passos propôs obras com o intuito de disciplinar a ocupação das áreas centrais, expulsando as populações mais pobres distantes do comportamento preconizado pela higiene, em oposição evidente aos que não seguiam tal preceito (Maiolino, 2005). Esse momento, posteriormente, ficou conhecido como a Reforma de Pereira Passos e também como a "era do bota-abaixo" (Rolnik, 2004).

Exemplos das obras de Passos foram a abertura das ruas Salvador de Sá e Mem de Sá, feitas em terrenos conseguidos com o fim do desmonte do Morro do Senado. Como em outras obras, foram demolidas inúmeras residências da população pobre. Abreu (2008) ressalta que em muitos casos a prefeitura desapropriava mais construções que as realmente necessárias para abertura e alargamento das vias. Os terrenos restantes destinavam-se a comercialização e, como o autor finaliza, com a melhor infraestrutura tornavam-se mais valorizados.

Entretanto, as obras feitas pela União, sob o comando de Rodrigo Alves, provocaram efeitos sociais mais intensos, devido à sua monumentalidade, como Abreu (2008) explica. A que mais modificou a forma da cidade foi a abertura da Avenida Central[4]: sua construção resultou na demolição de quase três mil casas, em maioria de famílias numerosas (Abreu, 2008). Foi uma área que deixou de ser a região de moradias populares para abrigar zonas comerciais e financeiras e, consequentemente agravou a crise habitacional existente desde o fim do século XIX (Rolnik, 2004).

Abreu (2008) assevera que o governo não ofereceu opções de moradias suficientes para as famílias cujas casas foram desapropriadas e para os moradores dos cortiços também demolidos. Essas pessoas viram-se obrigadas a morar com outras famílias, a pagar altos valores por aluguéis em função da escassez de ofertas, ou a mudar para os subúrbios, que começavam a ser o destino de trabalhadores e operários.

O período Passos revolucionou a forma urbana do Rio de Janeiro, fazendo com que a cidade se harmonizasse com os desejos econômicos e ideológicos da época. Momento que ficou marcado também pelo aparecimento de novas contradições urbanas. Contradições que, no entendimento de Abreu (2008), ao serem resolvidas, propiciaram o surgimento de novas contradições.

Rezende (1982) afirma que foi também nas primeiras décadas do século XX que o crescimento desordenado da cidade do Rio de Janeiro se configurou como um problema. Maiolino (2005) aponta ainda a precariedade das condições de salubridade que acompanhavam o crescimento demográfico e as desordens sociais.

Diante desse contexto, os governantes consideraram necessário realizar planejamento, legalização, regularização e zoneamento do espaço urbano da cidade do Rio de Janeiro. Já havia sido feito, em 1875, um plano de intervenções idealizado pela Comissão de Melhoramentos. Segundo Rezende (1982), tal plano visava amenizar os problemas sanitários, voltando-se para o saneamento básico, com obras de canalização, drenagem, alargamento e pavimentação de ruas. Integrante da equipe de elaboração do plano à época, o prefeito Pereira Passos pôde efetivar várias obras propostas pelo plano em seu mandato, que não foram realizadas na gestão anterior.

Entre os anos de 1914 e 1918, deu-se enorme crescimento industrial no Rio de Janeiro: indústrias que se localizavam principalmente em São Cristóvão, bairro com boa infraestrutura, atendido pela linha do trem, com terrenos de baixo valor e próximos aos portos (Abreu, 2008). Juntamente com a chegada da indústria, chegaram também os trabalhadores que passaram a viver nas áreas próximas às indústrias.

Carlos Sampaio administrou a cidade nos anos de 1920 a 1922. O foco de seu governo era a preparação da cidade para a comemoração do primeiro centenário da Independência do Brasil. Com o propósito de dar à cidade uma área arejada e higiênica, ordenou o desmonte do Morro do Castelo, um desejo presente desde administrações anteriores (Rezende, 1982). Local histórico, o Morro do Castelo foi onde, no século XVI, a cidade se originou, porém havia se tornado moradia da população de baixa renda, moradores de antigas construções com aluguéis baratos, mas incomodava e preocupava o governo por estar tão próximo à área mais valorizada da cidade, a Avenida Rio Branco (Abreu, 2008).

Assim, a área conseguida com o desmonte do Morro do Castelo seria o local das comemorações do centenário da República. Embora a retirada do morro tenha evidenciado um dos bairros mais antigos e pobres do Rio de Janeiro, isso não foi obstáculo para Sampaio, que mandou retirar o bairro, pois exatamente nele se dariam as comemorações (Abreu, 2008). O fim dos bairros do Castelo e da Misericórdia retirou do centro da cidade duas áreas de moradia da população pobre que havia resistido às obras de Pereira Passos.

No início da década de 1940, a construção da Avenida Presidente Vargas marcou a realização do mais importante projeto do *Plano Agache*[5]. Essa obra, que durou três anos, foi feita na administração de Henrique Dodsworth (1937-1945) e inaugurada por Vargas em 07/09/1944 (Abreu, 2008). Entretanto, dava continuidade ao processo de desapropriação da parcela pobre que ainda habitava o centro da cidade: como resultado, foram demolidos 525 prédios.

Outra grande avenida construída na década de 1940, a Avenida Brasil, foi inaugurada em 1946 e designada a servir como novo eixo rodoviário. Deveria servir como uma alternativa às rodovias Rio-Petrópolis e Rio-São Paulo e abrigar novas indústrias. Objetivo parcialmente alcançado, dado que as indústrias se localizaram somente nas extremidades da avenida, que foi, na realidade, intensamente povoada pela população de baixa renda (Rezende, 1982).

Entre 1930 e 1950 houve grande crescimento populacional, a cidade de 1.400.000 habitantes passou a ter 2.500.000. Abreu (2008) afirma que tal crescimento se deveu ao grande fluxo migratório, ao crescimento industrial e às construções de rodovias ligando os estados do país, como a Rodovia Rio-Bahia. Até o ano de 1964, o processo de estratificação urbana se desenvolveu de forma pouco evidente; entretanto, a partir desse período as contradições da ocupação do espaço se intensificaram.

Em 1960, o governo Federal foi transferido para Brasília, e o Rio de Janeiro tornou-se Estado da Guanabara. Seu primeiro governador foi Carlos Lacerda (1961/1965). Assim como nos anos de 1920, considerou-se necessário que a cidade tivesse um novo plano urbanístico. Para tanto, a empresa grega *Doxiadis and Associates*[6] foi contratada.

A mudança da capital federal para Brasília permaneceu influenciando a cidade, grandes mudanças continuaram a ocorrer, principalmente em sua área central, que recebeu obras, em maioria voltadas para a resolução da problemática viária. Para tanto, foram construídos viadutos, túneis e autopistas. A construção de novos e melhores sistemas de saneamento também se deu nesse período, assim como a construção do Metrô. Entretanto, Abreu (2008) assevera que tais obras consumiam grandes orçamentos, mas tinham pouco alcance, dado que serviam apenas ao núcleo central da cidade. Por conseguinte, foram instrumento de intensificação de diferenças estruturais entre o centro e as periferias.

As áreas suburbanas do Rio de Janeiro já vinham sendo habitadas desde a última década do século XIX. Abreu (2008) destaca que a ocupação se intensificou nos anos de 1930, auxiliada pelo serviço de trem e pelo surgimento das indústrias nessas áreas.

O movimento de ocupação das indústrias nos subúrbios cariocas deu-se de forma independente de incentivos do governo. Destacavam-se as obras de infraestrutura e a atração de operários pela grande oferta de empregos. Estes, por sua vez, instalavam-se nas áreas próximas e nas encostas. Abreu (2008) ressalta que nesse momento o centro e a zona sul e os subúrbios iniciavam processo de desenvolvimento influenciados por diferentes forças. Centro e zona sul, nos quais uma infraestrutura foi construída para atender às necessidades das classes dominantes, recebiam incentivo do governo – enquanto os subúrbios, apesar das indústrias, não recebiam investimentos públicos.

Nesse sentido, Rolnik (2004, p. 63) esclarece que a diferença encontrada entre áreas ditas nobres, como a zona sul do Rio de Janeiro, e áreas periféricas se relaciona com o "superequipamento de um e à falta de infraestrutura do outro, o que fundamenta a existência da especulação imobiliária", isto é, o investimento em serviços urbanos em uma área em detrimento de outra. Desse modo, Abreu (2008) descreve que as contradições urbanas se agravaram, sendo inevitável a intervenção dos governantes.

Tanto o crescimento das indústrias nos subúrbios quanto a urbanização e o adensamento das classes dominantes na zona sul atraíram grande número de trabalhadores que ocupavam áreas ainda sem valor comercial e sem nenhuma infraestrutura urbana.

Como descrito por Ribeiro (2000), as casas eram densamente povoadas e não tinham condições habitacionais e higiênicas. As moradias insalubres chamavam a atenção do Estado, que se preocupava com a possibilidade de que a degradação das condições de habitação e a falta de higiene pudessem afetar globalmente a cidade.

Assim, o Governo decidiu intervir, mesmo que de forma indireta. Abreu (2008) explica que o Estado decretou a isenção de impostos aduaneiros e concedeu benefícios às indústrias para que construíssem vilas operárias que respeitassem as condições de higiene e salubridade necessárias a uma casa. Várias indústrias construíram as vilas operárias, entretanto essas construções não foram suficientes para extinguir cortiços, casas de cômodo e barracos em encostas.

Maiolino (2005) explica que, em um quadro no qual não foram oferecidas, pelo poder público, novas opções de moradia à população desabrigada pelas obras de urbanização ou habitantes de áreas e casas sem condições de salubridade, intensificou-se o déficit habitacional, que já era relevante desde os anos de 1870, em consequência da migração de escravos libertos, estrangeiros e camponeses. Coube aos "despejados do espaço remodelado" (Maiolino, 2005, p. 58) encontrar novas localidades para habitarem.

Desde esse período a população pobre da cidade do Rio de Janeiro encontrou como solução de moradia as áreas centrais, como anteriormente citado: Gamboa, Santana, Santa Rita, São Carlos e Santo Antônio. Com o advento do trem, aqueles que podiam arcar com as despesas de locomoção ocuparam as áreas dos subúrbios, conforme já destacado por Maiolino (2005).

As habitações pobres, principalmente os cortiços e casas de cômodo localizados no centro da cidade, sempre foram alvo de intervenções do governo, motivado pelo desejo de extingui-las. Maiolino (2005, p. 60) afirma que as classes populares há muito tempo despertavam incômodo nos governantes e na elite carioca, sendo consideradas um "estorvo, um mal a ser debelado ou ao menos escondido".

Evidências desse incômodo foram expressas: em 1886, o Conselho Superior de Saúde Pública escreveu documentos em que lamentava as condições anti-higiênicas dos cortiços. No mesmo sentido, em 1893, a administração de Barata Ribeiro combateu de forma veemente os cortiços; caso mais emblemático, a demolição do cortiço Cabeça de Porco, localizado, com tantos outros, no centro da cidade. Para sua demolição foi necessário forte esquema de segurança para que a execução ocorresse sem maiores transtornos provocados por parte dos milhares de moradores do cortiço.

Valladares (2000) revela que os cortiços sempre chamaram a atenção daqueles que queriam entender a cidade e sua população, fossem políticos, médicos ou jornalistas. Desde as primeiras opiniões, os cortiços foram considerados o local da pobreza; os quais, apesar de neles residirem trabalhadores, eram densamente habitados por malandros e desocupados. Além disso, ofereciam risco por terem se tornado foco de epidemias e por serem considerados uma ameaça às ordens moral e social.

Percebe-se, segundo Maiolino (2005), que, ao desejar modernizar o Rio de Janeiro, a classe política e burguesa optou por afastar a população de baixa renda das áreas a serem valorizadas com as obras – em um claro movimento de segregação que permite concluir que, na área central da cidade embelezada e higienizada, não havia espaço para aqueles que não se enquadravam nessa nova realidade.

A profunda transformação sofrida pela a cidade, que visava à reorganização, à modernização e ao embelezamento, causou consequências drásticas para a população pobre. Em sua grande maioria, a realização de grandes obras implicou em desapropriações, demolições e expulsão dos moradores de cortiços e casas de cômodo. A população se viu obrigada a procurar novos locais de moradia. Houve uma intensificação na ocupação dos subúrbios para aqueles que conseguiram se alocar e podiam arcar com as despesas de transporte. Constituiu-se uma crise habitacional – para quem não tinha recursos para uma nova moradia –, na qual os morros e os bairros próximos ao centro foram densamente ocupados (Rezende, 1982).

Constant (2007) ressalta que a remoção da população pobre, que somava grandes quantidades de pessoas, das áreas recentemente alçadas a áreas nobres favoreceu a ocupação dos morros da cidade constituindo o que, em breve e ainda hoje, seria chamado de favelas. Valladares (2000) destaca que no Rio de Janeiro os cortiços constituíram a forma habitacional correspondente à *semente da favela*, tanto por haver nos cortiços casebres e barracos quanto pela relação entre as demolições dos cortiços e o início das ocupações nas encostas da cidade.

O processo de produção das favelas cariocas

Diante do quadro acima desenhado, há consenso entre estudiosos do tema sobre a relação estreita entre as reformas urbanas e o adensamento da população nos morros do Rio de Janeiro (Rezende, 1982; Valladares, 2000; Costa, 2005; Maiolino, 2005; Constant, 2007).

Segundo Constant (2007), dois episódios tornaram-se relevantes no surgimento das favelas. Em 1893, o *famoso* cortiço do centro da cidade, o Cabeça de Porco, foi demolido por ordem do então prefeito Barata Ribeiro. Valladares (2000) ressalta que essa ordem foi proferida por ser, o Cabeça de Porco, considerado o local da pobreza, celeiro de epidemias e vícios, onde trabalhadores misturavam-se aos vagabundos e malandros. Convém sublinhar que os moradores foram autorizados a retirarem madeiras e outros materiais passíveis de serem reaproveitados em suas próximas moradias. O outro acontecimento, em 1897, diz respeito ao retorno dos soldados de Canudos.

Contudo, outros fatores contribuíram para a ocupação das encostas da cidade do Rio de Janeiro, como a crise habitacional, que teve entre os anos de 1890 e 1906 seu período mais crítico, quando a população crescia 2,84% ao ano e a construção de domicílios apenas 1% (Valladares, 2000) – o que, consequentemente, provocou um aumento da densidade domiciliar, passando a relação de 7,3 para 9,8 pessoas por habitação (Ribeiro, 2000).

A população, expulsa dos cortiços e motivada, principalmente, pela necessidade de habitar próximo ao trabalho ou às oportunidades de emprego (Abreu, 2008), encontrou na subida aos morros a alternativa, provavelmente ainda mais precária, de residir em casas autoconstruídas de material heterogêneo (Maiolino, 2005). Rolnik (2004) destaca que, para o planejamento urbano, tais moradias constituíam habitações subnormais, por não seguirem os padrões estabelecidos. E conclui: "geralmente, o que o planejamento urbano chama de subnormal a polícia chama de marginal e o povo em geral de má vizinhança, que desvaloriza o bairro" (Rolnik, 2004, p. 68).

Tão logo as favelas surgiram começaram a chamar a atenção do poder público, que tentava dar uma solução para acabar com aquelas formas de moradia. O primeiro relato sobre uma ocupação em uma encosta, encontrado por Zaluar e Alvito (2003) em documentos do Arquivo Nacional, mostra como eram vistas e oferece indícios de como seria o olhar que recairia sobre as favelas nos anos seguintes. Documento com data do dia 04/11/1900[7] foi escrito pelo delegado da 10ª circunscrição e encaminhado ao chefe de polícia Dr. Éneas Galvão:

> Obedecendo ao pedido de informações que V. Excia. em ofício sob n. 7.071, ontem me dirigiu relativamente a um local do Jornal do Brasil, que diz estar o morro da Providência infestado de vagabundos e criminosos que são o sobressalto das famílias no local designado, se bem que não haja famílias no local, é ali impossível ser feito o policiamento porquanto nesse local, foco de desertores, ladrões e praças do Exército, não há ruas, os casebres são construídos de madeira e cobertos de zinco, e não existe em todo o morro um só bico de gás, de modo que para a completa extinção dos malfeitores apontados se torna necessário um grande cerco, que para produzir resultado, precisa pelo menos de um auxílio de 80 praças completamente armados.

> Dos livros desta delegacia consta ter ali sido feita uma diligência pelo meu antecessor que teve êxito, com um contingente de 50 praças, capturados, numa só noite, cerca de 92 indivíduos perigosos.
>
> Parece, entretanto, que o meio mais prático de ficar completamente limpo o aludido morro é ser pela Diretoria da Saúde Pública ordenado a demolição de todos os paradeiros que em tal sítio se encontram, pois são edificados sem a respectiva licença municipal e não têm as devidas condições higiênicas.
>
> Saúde e fraternidade.
>
> O delegado (Zaluar & Alvito, 2003, p. 8-9)[8].

Havia três anos que o Ministério da Guerra tinha autorizado aos veteranos da campanha de Canudos ocuparem o morro da Providência, ou Morro da Favella como passaria a ser conhecido. Tempo suficiente para ser percebido como local de abrigo de "desertores, ladrões e praças do Exército", como um problema de ordem policial e sanitária como descrito na carta do delegado (Zaluar & Alvito, 2003). Assim, acrescenta Valladares (2000):

> O morro da Favella, até então denominado morro da Providência, passa a emprestar seu nome aos aglomerados de casebres sem traçado, arruamento ou acesso aos serviços públicos, construídos em terrenos públicos ou de terceiros, que começam a se multiplicar no centro e nas zonas sul e norte da cidade do Rio de Janeiro (Zaluar & Alvito, 2003, p. 7).

Segundo Valladares (2000), o Morro da Providência, alçado como arquétipo, como mito de origem da favela, passou a inspirar todo o pensamento e a percepção relativos a esse espaço. Espaço apreendido como precário, desordenado, temporário e o contraponto da cidade, que serviu como identificador das favelas. Espaço descrito como:

> Área de habitações irregulares construídas, sem arruamentos, sem plano urbano, sem esgotos, sem água, sem luz [...] resultado da pobreza dos habitantes e do descaso do poder público, surgiram as imagens que fizeram da favela o lugar da carência, da falta, do vazio a ser preenchido pelos sentimentos humanitários, do perigo a ser erradicado pelas estratégias

> políticas que fizeram do favelado um bode expiatório dos problemas da cidade, o "outro", distinto do morador civilizado da primeira metrópole que o Brasil teve. Lugar do lodo e da flor, que nele nasce, lugar das mais belas vistas e do maior acúmulo de sujeira, lugar da finura e elegância de tantos sambistas, desde sempre, e da violência dos mais famosos bandidos que a cidade conheceu ultimamente, a favela sempre inspirou e continua inspirando o imaginário preconceito dos que dela querem se distinguir quanto os tantos poetas e escritores que cantaram suas várias formas de marcar a vida urbana no Rio de Janeiro (Zaluar & Alvito, 2003, p. 8).

Diversos fatores contribuíram para a ocupação dos morros. Rezende (1982) cita como exemplo: a disponibilidade de terras livres, de baixo ou nenhum custo, a proximidade com o centro da cidade, a possibilidade de acesso aos bens sociais, a impossibilidade de adquirir legalmente um terreno ou casa nessas áreas já valorizadas e a existência de vínculos familiares.

Apesar de, atualmente, morro ser sinônimo de favela, a palavra favela só foi utilizada para denominar os morros habitados na segunda década do século XX. Até aquele momento, Favella era apenas o morro da Providência. Assim, Valladares (2000) nota o surgimento de uma nova categoria nomeadora da adesão das classes de baixa renda a ocupações irregulares e ilegais, em sua maioria fixadas nas encostas dos morros. Constant (2007) também destaca que tal população era composta, em maioria, por negros, ex-escravos e imigrantes portugueses, espanhóis e italianos.

Desde a ocupação dos morros da Providência e de Santo Antônio, outros morros na área central da cidade foram ocupados de forma acelerada. Estava, então, constituída nova modalidade habitacional da população de baixa renda – a favela (Abreu, 2008). Nesse sentido, Zaluar e Alvito (2003) ressaltam que o conceito de *patologia social* seria dedicado à favela durante todo o século XX. Da mesma forma, Abreu (2008) relata que a imagem do Rio de Janeiro seria intensamente marcada pela favela.

Para Zaluar e Alvito (2003), não é possível desvincular a história do Brasil da história da favela. Principalmente a história do Rio de Janeiro, pois a favela tornou-se uma marca da capital seja pela sua proliferação, ou pelo desejo dos dirigentes de extirpar esse problema. As favelas, desde sua origem, foram alvejadas por um *olhar* que as apreendia como comunidades organizadas por uma identidade comum e pela capacidade de sobreviver com o mínimo de recursos, tornando-se, desde sempre, uma ameaça para a cidade, que a representou como algo atrasado que devia ser ultrapassado para se alcançar o progresso social (Valladares, 2000).

Portanto, a perspectiva da favela como um problema a ser resolvido surge ao mesmo tempo que foi denominada favela. Período, de acordo com Valladares (2000), no qual ainda não era um movimento generalizado na cidade: para tanto, contou com o apoio de jornalistas, intelectuais, engenheiros e médicos, que transferiram o diagnóstico da pobreza dos cortiços às favelas. Dessa forma, Valladares (2000, p. 12) finda: "data do início do século XX não apenas a descoberta da favela, mas também a sua transformação em problema".

O diagnóstico dos cortiços foi automaticamente transferido para as favelas, que foram percebidas como local em que os moradores são responsáveis por sua própria sorte e pelas mazelas sociais, local de proliferação de doenças contagiosas e patologia social que deveria ser combatida. Valladares (2000) acredita que as primeiras descrições e imagens das favelas localizam as origens de um pensamento específico, a gênese do processo de construção social das favelas, descrições e imagens estas responsáveis pela constituição de uma imagem consensual desse espaço diferente da ordem que começava a surgir no Rio de Janeiro. De tal modo, a primeira grande campanha contra a favela surgiu na década de 20, época em que era considerada a *lepra da esthetica* (Valladares, 2000).

De acordo Valladares (2000), o Código de Obras publicado em 1937 instituiu a proibição de novas favelas, ao mesmo tempo que a reconheceu e tentou defini-la, administrá-la e controlar sua proliferação. Em seu capítulo XV, abordava-se a extinção das habitações anti-higiênicas e em sua Seção II – "Favelas" – a favela era definida como a existência de dois ou mais casebres, em ordem ou não, desde que fossem construções precárias e fora da lei, que se desenvolviam com a construção de novos casebres, cujo aluguel podia ser cobrado referente ao casebre ou ao arrendamento do solo (Valladares, 2000).

Nota-se, entretanto, que o momento em que a administração pública pretende controlar o desenvolvimento das favelas corresponde ao maior crescimento destas. Conforme Abreu (2008) explica, nesse período, principalmente na década de 1940, as favelas receberam grande fluxo migratório, estimulado pela vasta oferta de trabalho nas indústrias, no comércio e para a burguesia. Outro fator relaciona-se ao fato de os terrenos ocupados pelas favelas não despertarem o interesse das empresas imobiliárias.

Na mesma época, surgem os primeiros estudos sobre as favelas do Rio de Janeiro. *Impressões de uma assistente social sobre o trabalho na favela*, em 1942, de Maria Hortência do Nascimento e Silva, para conclusão do curso de assistente social, e *Favelas do Distrito Federal*, em 1943, realizado pelo médico Victor Tavares de Moura são trabalhos que apontavam para a importância de se conhecer verdadeiramente as favelas e sua população em detrimento da mistificação que se fazia sobre elas (Valladares, 2000).

Quando, em 1949, publicou-se o primeiro Censo das Favelas, dados desses primeiros estudos foram confirmados. Constatou-se que 31,4% das unidades pagavam aluguel e 6,4% pagavam aluguel pelo solo (Valladares, 2000). Foram precisos 50 anos desde o aparecimento do morro da Favella para o poder público decidir fazer um censo específico sobre as favelas e seus habitantes.

Valladares (2000) descreve que o primeiro Censo das Favelas, realizado entre o final de 1947 e início de 1948 pelo Departamento de Geografia e Estatística da Prefeitura do Distrito Federal, foi solicitado pelo prefeito General Ângelo Mendes de Moraes, que, com essas informações, pretendia abolir as favelas ou ao menos cessar seu desenvolvimento; o censo registrou 105 núcleos e a população foi estimada em 138.837 habitantes para 34.567 habitações, uma média de 4,01 habitantes por moradia (Valladares, 2000).

Contudo, em 1950, novo Censo foi realizado, dessa vez pelo IBGE, no qual se observava uma divergência quanto ao número de favelas, pois houve uma mudança de critério. Abreu (2008) elucida que o Censo do IBGE considerou que aglomerados com mais de 50 barracos constituíam uma favela, enquanto no primeiro censo dois barracos eram suficientes para serem considerados favela. O Censo revelou uma população de 169.305 habitantes. Dez anos depois novo censo foi realizado. Em 1960, os habitantes das favelas chegavam a 335.063 (Abreu, 2008).

Entre os anos de 1940 e 1960 surgiu grande número de novas favelas e ocorreu o aumento significativo da população. Já na década de 1950, o crescimento da população das favelas era superior ao crescimento dos residentes do município: em 1960, correspondiam a 10% da população e 13% em 1970, chegando a 14% na década de 1980 (Rezende, 1982; Valladares, 2000; Costa, 2005 e Maiolino, 2005). Interessante notar que, desde os primeiros levantamentos relativos aos habitantes das favelas, os dados eram tratados separadamente dos dados dos habitantes da cidade, como se aqueles não fizessem parte desta.

Nesse sentido, Pandolfi e Grynszpan (2003) ressaltam o paradoxo *morro* e *asfalto* como representativo da divisão entre as favelas e a cidade, no qual, de um lado, encontram-se a favela e seus moradores e, de outro lado, a cidade e seus cidadãos. Para Valladares (2000), seria uma representação de dois mundos em que a favela pertence ao mundo bárbaro e a civilização só será alcançada afastando-se dela. Dessa forma, a imagem da favela foi construída como um *outro mundo*, de miséria, onde nem mesmo a organização espacial lembrava a cidade.

Atualmente, há questões bem mais complexas que simplesmente a dualidade favela x cidade. Percebe-se um cenário mais heterogêneo: é possível circular tanto na cidade quanto na favela, favelas que atraem turistas, artistas e pessoas envolvidas em movimentos culturais, assim como favelas transformadas em bairros e com suas Regiões Administrativas próprias. Entretanto, nas últimas décadas um elemento tornou-se relevante nas relações entre as favelas e a cidade – o estigma.

Wacquant (2001), em um estudo sobre os guetos estadunidenses e os *banlieues* franceses, apresenta o poder de *desconstrução* subjetiva provocado pelo estigma de habitar locais delimitados, segregados, deteriorados, elevados ao *status* de *patologia* urbana, sempre associados ao crime, à pobreza moral e econômica. Para o autor, o estigma, ao instigar o exercício de distinção e separação, presta-se para relegar o outro ao *seu lugar*.

Com todas as particularidades que lhe cabem, até mesmo as referentes aos *guetos* e *banlieues*, a descrição de Wacquant (2001) provoca a nítida sensação de se tratar de uma realidade familiar também para as favelas cariocas. O estigma de morador da favela, associado à pobreza, ao crime e à violência, apesar de se reproduzir de diferentes formas e em diferentes espaços sociais, afeta a vida do morador como um todo: no trabalho, nas relações pessoais e com a polícia. Assim acontece quando G.U.L. (6 anos) conta que vai para a escola no mesmo transporte que G.T.V. (6 anos), ambos moradores da Mangueira e frequentadores do

CCC, mas ressalta que, apesar de usar o mesmo transporte que ele, frequentar a mesma escola e o CCC como ele, eles eram diferentes, porque "ele mora no morro e eu no asfalto".

A fala de G.U.L. (6 anos) evidencia o que foi afirmado por Rolnik (2004): a autora aponta que muitas vezes o estigma pode ser encontrado até entre os próprios moradores das favelas. Isso se dá, como observam Pandolfi e Grynszpan (2003), quando se diferenciam segundo categorias como moradores antigos/novos moradores, cariocas/nordestinos, ricos/pobres, zona sul/zona norte ou centro/periferia.

Lopes (2007) assegura que os moradores das favelas inseridos nessa realidade conseguem se apropriar apenas parcialmente do sentido da cidade vista distante, fragmentada como se a ela eles não pertencessem, momento em que se confirma o uso do estigma como proposto por Wacquant (2001). Lopes (2007) conclui, assim como concluiu Wacquant (2001) acerca dos moradores dos guetos e *banlieues*, que a percepção de ser um excluído faz com que moradores das favelas relacionem-se com a cidade e seus habitantes de forma desconfiada, desacreditada, distante e desapegada. Distanciamento exemplificado pela fala de P.H.P. (10 anos); quando (02/04/2009) questionado sobre as viagens que já havia feito com a Orquestra de Violinos do CCC, ele narra: "a melhor viagem que já fiz com o grupo do violino foi para Copacabana, a maior viagem foi para a Barra e a mais longe será para Brasília" – o que evidencia a não-diferenciação entre os bairros da cidade onde mora (Copacabana e Barra) e outras cidades (Brasília).

No decorrer dos anos, a imagem feita da favela tem variado conforme o contexto de cada período. A favela é facilmente associada à violência, à pobreza e também às manifestações culturais representadas pelo samba ou o *funk*. Constant (2007) salienta que a imagem atual que se tem da favela encontra-se vinculada a um espaço de constante violência, especialmente no que é divulgado pela mídia. As notícias estão sempre veiculando o tráfico, os tiroteios, as balas perdidas, a apreensão de armas e drogas e de certa forma igualando a pobreza à violência.

Apesar disso, Pandolfi e Grynszpan (2003) asseguram que, mesmo não sendo possível negar a pobreza e a violência, as favelas têm muito mais que isso. Cada favela tem sua identidade, composta pela época de sua fundação, forma de ocupação, economia, origem dos habitantes e suas relações. Para os autores, há ainda, nas favelas, muita vida social, particularmente empreendida pela cooperação e pelo esforço coletivo das associações de moradores, igrejas e ONGs. Embora o discurso comum vise uniformizá-las, elas possuem realidades diversas. Em cada uma há diferentes experiências e práticas alternativas para a apropriação de espaços sociais e políticos (Constant, 2007), o que faz com que o termo favela seja ao mesmo tempo tão evidente e tão opaco, como se explica a seguir:

> Sua evidência se dá num duplo sentido. O primeiro é estar ganhando visibilidade crescente, atraindo as atenções, ocupando de forma constante espaços significativos na mídia, constituindo-se em tema recorrente de debates. [...] O segundo é que basta a sua simples menção para que se produza, de modo automático, um efeito de reconhecimento e de assentimento. Isso significa não apenas que o termo se tornou de uso corrente, mas também que os seus sentidos passaram a ser partilhados, generalizados. Todos concordam a respeito do que é uma favela, todos são capazes de visualizar e de identificar claramente uma favela. [seja ela vertical ou horizontal, grande ou pequena] [...] Se tudo isso é verdade e constitui uma pauta de graves problemas a serem solucionados, é preciso notar que é nessa evidência mesma que reside a opacidade da favela, pois ela produz a certeza de que já se conhece a favela. Ela induz e direciona o nosso olhar, condicionando o que ver e como ver, leva-nos a perceber e tratar como unidade a favela e os favelados, aquilo que, de fato, é marcado por uma extrema diversidade. A representação sobre a favela impõe-se, assim, à realidade das favelas (Pandolfi & Grynszpan, 2003, p. 21-23).

Finalmente, observa-se que explicar a origem das favelas constitui tema extremamente complexo e controvertido. Conforme Zaluar e Alvito (2003) declaram, o Rio de Janeiro desde sua fundação foi marcado por paradoxos, um deles o "bota abaixo" dos cortiços, que contribuiu para o aumento da população pobre em áreas ainda não valorizadas. Todavia tal fato isoladamente não dá conta da história das favelas, que está também atravessada pela criatividade cultural, pela luta, pela resistência, pelo desejo de alcançar respeito e o direito de ser cidadão, ao preservar a cultura, por meio das festas populares, dos gêneros musicais, que sempre representaram a riqueza cultural das favelas. As práticas do CCC exemplificam essa luta resistente de preservação e reapropriação da cultura de Mangueira.

Referências

ABREU, Maurício de A. *A evolução urbana do Rio de Janeiro*. Rio de Janeiro: IPP, 2008.

CASTELLS, Manuel. *A questão urbana*. São Paulo: Paz e Terra, 2000.

CONSTANT, Flávia M. *Tantinho, memória em verde e rosa:* estudo do processo de construção de uma memória da favela da Mangueira. 2007. 225 f. Dissertação (Mestrado em História, Bens Culturais e Projetos Sociais) – Centro de Pesquisa e Documentação Histórica, Fundação Getúlio Vargas. Rio de Janeiro, 2007.

COSTA, Maria de F. T. *A cerca jurídica da terra na produção capitalista da cidade*. 2005. 279 f. Dissertação (Mestrado em Direito da Cidade) – Faculdade de Direito, Universidade do Estado do Rio de Janeiro, Rio de Janeiro, 2005.

DE CERTEAU, Michel. *A invenção do cotidiano: 1*. Petrópolis: Vozes, 2008.

GONÇALVES, Renata de S. *Os ranchos pedem passagem: o carnaval no Rio de Janeiro do começo do século XX*. Rio de Janeiro: Secretaria Municipal das Culturas/Coordenadoria de Documentação e Informação Cultural/Gerência de Informação, 2007.

LOPES, José R. Cidade, subjetividade e território: representações de moradores de favelas. Interações (Campo Grande), Campo Grande, v. 8, n. 1, 2007. Disponível em: <http://www.scielo.br/scielo.php?script=sci_arttext&pid=S1518-70122007000100009&lng=pt&nrm=iso>. Acesso em: 7 jul 2008. doi: 10.1590/S1518-70122007000100009.

MAIOLINO, Ana L. G. *Espaço urbano, subjetividade e um foco especial sobre a favela do Canal das Tachas no Rio de Janeiro*. 2005. 385p. Tese (Doutorado em Psicologia Social). Programa de Pós-graduação em Psicologia Social. Universidade do Estado do Rio de Janeiro, Rio de Janeiro. Cap. 1 e 2, p. 39-166.

MARTINS, José de S. *A sociedade vista do abismo: novos estudos sobre a exclusão, pobreza e classes sociais*. Petrópolis: Vozes, 2002.

PANDOLFI, Dulce C.; GRYNSZPAN, Mario. (Orgs). *A favela fala: depoimentos ao CPDOC*. Rio de Janeiro: Ed. FGV, 2003.

PICHON-RIVIÈRE, Enrique. *O processo grupal.* São Paulo: Martins Fontes, 1998.

REZENDE, Vera. *Planejamento urbano e ideologia: quatro planos para a cidade do Rio de Janeiro.* Rio de Janeiro: Civilização Brasileira, 1982.

RIBEIRO, Luiz C. de Q. Apresentação. *In*: RIBEIRO, Luiz César de Q. *O futuro das metrópoles: desigualdades e governabilidade.* Rio de Janeiro: Revan/ FASE, 2000, p. 11-18.

ROLNIK, Raquel. *O que é cidade.* São Paulo: Brasiliense, 2004.

SANTOS, Milton. *Metamorfose do espaço habitado.* São Paulo: Hucitec, 1997.

VELHO, Gilberto. Estilo de vida urbano e modernidade. *Estudos históricos,* v. 8, n. 16; Cultura e História Urbana. Rio de Janeiro: Ed. FGV, 1995, p. 227-233.

VAINER, Carlos B. Cidades, cidades e a utopia do reencontro: uma reflexão sobre a tolerância e urbanismo. *Cadernos IPPUR.* Rio de Janeiro, ano XII, n. 1, 1998, p. 33-46.

VALLADARES, Licia. A gênese da favela carioca. A produção anterior às ciências sociais. Rev. bras. Ci. Soc., São Paulo, v. 15, n. 44, out. 2000. Disponível em: <http://www.scielo.br/scielo.php?script=sci_arttext&pid=S0102- 6 9092000000300001&lng=pt&nrm=iso>. Acesso em: 6 jan. 2009. doi: 10.1590/S0102- 69092000000300001.

WACQUANT, Löic J. D. *Os condenados da cidade: estudos sobre a marginalidade avançada.* Rio de Janeiro: Revan/FASE, 2001.

ZALUAR, Alba; ALVITO, Marcos (Orgs.). *Um século de favela.* Rio de Janeiro: FGV, 1999.

Notas

[1] O grupo operativo constitui-se, de acordo com Pichon-Rivière (1998), como um grupo formado por um conjunto restrito de pessoas, com um objetivo comum, de duração limitada, centrado em uma tarefa e no qual teoria e prática são articuladas constantemente. Os propósitos do grupo operativo consistem em promover o esclarecimento, a comunicação, aprender a pensar, operar uma dada realidade, fazer crítica e autocrítica, explicitando os medos de seus integrantes em relação às mudanças e elaborando as experiências cotidianas em comum.

[2] Griô significa *contador de histórias*. Trata-se de uma figura mitológica africana nômade que percorre as comunidades transmitindo conhecimentos pela oralidade e pelas manifestações da cultura popular. A cada geração, o Griô carrega na memória o legado da tradição oral. Com a Ação Griô, o CCC objetiva, pela transmissão oral, preservar e valorizar a história cultural da comunidade da Mangueira, formada, sobretudo, por afro-descendentes, abordando desde as suas raízes africanas até a produção cultural contemporânea.

[3] Por questões éticas, a identidade das crianças que participaram do Grupo Operativo foram preservadas.

[4] Atual Avenida Rio Branco.

[5] Contratado pelo prefeito Antônio Prado Júnior (1927-1930) e projetado pelo arquiteto urbanista francês A. H. Donat Agache, em acordo com o pensamento da época, constituiu-se como um plano de remodelação estética e sanitária (Rezende, 1982; Valladares, 2000; Costa, 2005; Maiolino, 2005; Constant, 2007).

[6] O *Plano Doxiadis*, em sua concepção do espaço urbano, pouco se diferenciou do *Plano Agache*. Pretendeu uma remodelação da forma e do conteúdo da cidade que resultaria na remoção da população pobre de várias áreas (Abreu, 2008).

[7] Em 2006, a Central Única das Favelas (CUFA) fez campanha para que o dia 04/11 fosse escolhido como o Dia da Favela; o dia foi aprovado pela Lei Municipal nº. 4383/2006 do Rio de Janeiro.

[8] Texto mantido com sua grafia original.

Carnaval, samba e comunicação virtual na comunidade da Mangueira

Cândida Rosa Ferreira Costa

Ao estudarmos o carnaval, uma pergunta tornou-se inevitável: qual o seu significado? Qual o porquê de essa festa ter um encanto tão especial a ponto de parar o país? Como se diz popularmente, "o ano aqui no Brasil só começa realmente depois do carnaval". A análise acerca do significado do carnaval apresenta vários ângulos. Privilegiamos, no presente texto, a dimensão que diz respeito à identidade cultural. Acreditamos que essa análise pode ser feita levando-se em consideração a própria história da folia, que atinge a todos.

Tivemos a oportunidade de observar o carnaval no Rio de Janeiro, mais precisamente o carnaval na comunidade do Morro da Mangueira em sua *Escola de Samba Estação Primeira de Mangueira*, durante o ano de 2004. Presenciamos as várias manifestações ali apresentadas, os preparativos da comunidade e o comportamento dos foliões de todos os cantos da cidade, que vinham brincar no local. Essa observação, associada com a representação da mídia, nos permitiu analisar o evento sob a ótica da identidade cultural na perspectiva apontada por Hall (2001).

O carnaval é realmente um período especial para nós brasileiros, por isso somos considerados o "país do carnaval", aqui já havendo uma construção acerca da brasilidade, que tem na música de Lamartine Babo de 1934 uma definição bem clássica – do país e da festa – representada no seguinte trecho: "Quem foi que inventou o Brasil? / Foi o seu Cabral, foi o seu Cabral / No dia 22 de abril / Dois meses depois do carnaval".

O referido evento é assim colocado no cerne dos estudos acerca da identidade cultural do brasileiro. O reinado de Momo tem como característica a suspensão da lógica cotidiana em nome de uma outra lógica

– e talvez aí esteja o encantamento que a festa causa nas pessoas, que se permitem viver fantasias não facilmente reveladas no dia-a-dia (Kunchs, 2000). Os elementos integrantes da cultura popular que compõem o processo comunicacional típico do carnaval se manifestam na crítica, na sátira, na caricatura, na dança, na música, no samba-enredo, no tema, entre outros lugares. Algumas palavras são marcantes no vocabulário da comunidade, demonstrando assim a estreita relação com a folia como "alegria", "divertimento", "fuga" e até mesmo com "efeito terapêutico".

O carnaval é uma festa popular realizada quarenta dias antes da Páscoa. São três dias de folia que acabam na quarta-feira de cinzas. As festas carnavalescas são antigas na história do homem e vamos encontrá-las entre os festivais característicos do final da Idade Média como festa anual na semana anterior à Páscoa. Vestidos com bizarros trajes de carnaval, os aldeães e habitantes das cidades cantavam e dançavam nas ruas. Os portugueses vindos para o Brasil trouxeram sua festa carnavalesca, que era caracterizada por verdadeiras batalhas com água, farinha, fuligem e goma. Era o *entrudo*. Hoje essas batalhas são feitas de confete e serpentina.

As cantigas e danças foram se firmando e em cada região tomando suas peculiaridades, assim como agregando elementos das diversas culturas que aqui se incorporaram. No Rio de Janeiro, é o carnaval dos grupos, ranchos e escolas de samba; no Recife, é o carnaval do frevo, com o povo dançando nas ruas; na Bahia, os trios elétricos fazem a alegria popular. Os principais ritmos que animam o carnaval brasileiro são o samba, o frevo e as marchas – carnaval conhecido internacionalmente e que atrai grande número de turistas para conhecê-lo.

Como surgiu a Estação Primeira de Mangueira

O jovem Cartola foi morar no morro da Mangueira. Sem o saber, para fazer história. A mudança, na verdade, é parte de um dos mais fascinantes episódios da história do samba carioca. Incontáveis famílias, centenas ou talvez milhares de pessoas, buscavam os morros em fins do século XIX, princípios do XX, atrás de uma sobrevivência que a cidade lhes negava. A Lei Áurea, de 1888, pode ter alforriado os escravos, mas de forma alguma garantia para a maior parte deles uma vida digna lá fora (Freyre, 1987).

A penada de ouro da princesa Isabel dividira praticamente em duas a comunidade negra do Rio: uma, a já absorvida pelo meio social, de negros empregados ou semiempregados; e a outra a marginalizada, de homens e mulheres sem ofício, sem teto, sem esperança.

Na geografia social do samba tal divisão é, além de fascinante, definidora. As primeiras comunidades se instalaram em vários pontos centrais da capital, onde moravam as tias baianas, doceiras, bordadeiras, festeiras, tão presentes nos relatos dos historiadores do samba. Suas casas eram simples, mas confortáveis, próprias, frequentadas por gente arrumada, engravatada, fossem os negros do lugar, fossem os brancos que lá iam para encomendar doces ou bordados e acabavam ficando para um choro ou um arrasta-pé animado. Dançava-se muito naquelas casas. Em geral, maxixes e sambas amaciados, partidos e lundus, tudo na saleta da frente, e um ritmado culto aos orixás no quintalzinho dos fundos. Embora fosse uma época em que as religiões não católicas, sobretudo as negras, não eram toleradas pelas autoridades, no caso das tias a polícia fazia vista grossa. Eufemisticamente, ao invés de religião, rotulava aquelas manifestações de "cultura afro-brasileira" e ficava tudo por isso mesmo. Já os negros marginalizados, estes trataram de subir o morro. Onde mais poderiam ter casa de graça?

Naturalmente, no Rio da virada para o século XX, o metro quadrado em encostas como as da favela, e é claro, a Mangueira, ainda não era valorizado. De qualquer maneira, foi assim que os ex-escravos e menos favorecidos se aproximaram do céu. Pobres, tristes, desesperançados, mas treinados na teimosia de sobreviver. Também eles tinham a sua música – o seu samba.

Quando Cartola mudou-se para a Mangueira – para depois fundar, ao lado de outros bambas, a gloriosa Estação Primeira –, levou consigo uma opção estética bem definida: era o samba dos morros a sua música. É de Cartola e outros gênios da Mangueira a autoria da parte mais importante da obra que eles nos legaram: os sambas com que a Estação Primeira vem desfilando desde seus primeiros carnavais.

Naquele tempo não havia samba de enredo como hoje conhecemos. Durante o desfile, dois ou três refrões eram cantados pela escola, enquanto os mestres de canto (versadores) improvisavam os versos da segunda e terceira partes do trajeto. Atualmente, mudou muito: os sambas dos desfiles ano a ano contêm informação, história, pesquisa e muita polêmica.

O primeiro enredo da Mangueira foi *Chega de demanda*. Desde o título já se percebe que se trata de um protesto, de um manifesto. De lá pra cá, nessas quase sete décadas de desfiles, de samba enredo e de carnaval, a Mangueira cresceu e apareceu. Hoje é conhecida mundialmente; e conhecidos também seus sambas ora de protesto, ora de homenagem, ora de autoexaltação. Mas seguindo a tradição de levar para a avenida sempre personagens que de alguma forma polemizam com as estruturas nacionais, ou seja, os sambas apresentam a homenagem no desfile do carnaval e aproveitam para encenar todo um drama que foi cuidadosamente pesquisado e polemizado em forma de folia e alegria.

Diante das inúmeras configurações assumidas pelo carnaval brasileiro, dirigimos nosso estudo ao carnaval da cidade do Rio de Janeiro, levados, sobretudo, pelo cenário contemporâneo que o tem caracterizado como carnaval espetáculo. O reinado de Momo na cidade aparece nas notas dos jornais locais e em jornais de circulação nacional como sendo o primeiro em animação no Brasil.

Podemos dizer que muitas vezes os discursos que encontramos nas mensagens das diversas linguagens do carnaval – as muitas fantasias, o uso do corpo, as alegorias, o tema, a música, a crítica e os protestos como portadores da identidade do carnaval – têm ressurgido nas ruas da cidade através de pequenos blocos e pequenas bandas formados e representados por elementos da comunidade ou de bairros, dos quais de fato todos podem participar: reflexo do movimento de resgate da tradição do carnaval do povo.

Retrospectiva histórica

Faremos, então, uma retrospectiva histórica – através de músicas, marchinhas e, hoje, de sambas-enredo – de como o carnaval foi construído e reconstruído ao longo dos anos, representado por suas músicas, até apresentar sua versão atual nos sambas-enredo, que apresentam posições discursivas diferentes, devido à grande multiplicidade de seus grupos representativos.

Só na cidade do Rio de Janeiro existem vinte escolas de samba que compõem o grupo especial, conhecido também como grupo 1A, mas temos também os grupos representativos dos blocos carnavalescos, dos grêmios recreativos e outros, que pertencem a categorias consideradas inferiores, e a classes de acesso.

Todos esses grupos apresentam seus próprios temas, produzem a sua própria música referente ao carnaval daquele ano e nos apresentam assim a sua marca, nos certificando de que cada opinião ecoa, mas não unicamente na música, como também nos conjuntos momescos e também nas fantasias, nos cartazes, nos estandartes, nas escolas de samba...

Quando as letras das músicas de carnaval caem na boca do povo são cantadas por multidões: seu som e sua mensagem são ecoados e refletidos por aquela geração, produzindo marcas na sua própria história. Uma das marchinhas de carnaval que se tornou bem popular foi a *Daqui não saio*, uma verdadeira crítica aos processos de despejo e às explorações abusivas dos aluguéis antes de ser decretada a Lei do inquilinato: "Daqui não saio / Daqui ninguém me tira".

Outra marchinha que dominou o país, inspirada na falta de dinheiro provocada pelas medidas desmedidas do governo, foi: "Ei, você aí / Me dá um dinheiro aí!".

O carnaval carioca, com o passar do tempo, passou a ser apresentado como um grandioso espetáculo e na maioria das vezes os compositores de samba-enredo inspiraram suas composições em protestos, como o samba enredo: "Tem bumbum de fora pra chuchu / qualquer dia todo mundo nu".

Esse samba representou um protesto à proibição de nu nos desfiles e foi uma polêmica quanto à genitália desnuda e ao tapa-sexo usado com uma alça muito fina apelidada de fio dental. Os compositores brasileiros como que colhem no ar aqueles temas e sentimentos da massa e os encaixam com precisão e oportunidade nas canções da época.

O tema do enredo é a forma mais peculiar de um grupo se expressar. Há muito alvoroço e movimento na escolha do tema durante os meses que antecedem o carnaval. Pesquisas são feitas, realizam-se verdadeiras disputas ideológicas da forma mais festeira que existe, até ficar definido qual é o tema. A competição na escolha do tema é resolvida com a aprovação de toda a comunidade e, através do tema escolhido, a massa carnavalesca vai usar meios, convencionais ou não, de comunicação para propagar aquela opinião, que é demonstrada em suas manifestações coletivas não só na música, mas na crítica, na sátira, na caricatura e, principalmente, nos protestos e que retrata seu pensamento, seus desejos e suas aspirações.

A multidão anônima é usada como veículo de protesto popular. A popularidade e o sucesso são alcançados quando se sabe captar lirismo, amargura e malícia ao mesmo tempo. Como disse Noel Rosa, grande poeta do samba, cuja obra é cada vez mais amada e compreendida: "Captar todo o lirismo das causas simples, toda a malícia daquela gente e também toda a amargura que a vida distribui sem olhar a quem".

Há alguns anos uma Escola de Samba, Viradouro, se destacou por inovar seu som: misturou o samba do carnaval de toque ritmado da percussão da bateria com o metalizado e *tecnofunk* da favela. Foi um verdadeiro acontecimento nacional, no qual a alegria imperou representada pelos dois maiores ícones da marginalidade social carioca: o samba e o *funk*.

Virtualidade na comunidade da Mangueira

O que é o virtual? Na verdade, é muito difícil falar sobre o significado da palavra virtual, pois virtual hoje qualifica muita coisa. Segundo o *Dicionário virtual da língua portuguesa* [Aurélio], o termo virtual (do latim escolástico *virtuale*) é um adjetivo e pode ter vários significados:

1. Que existe como faculdade, porém sem exercício ou efeito atual.
2. Suscetível de se realizar; potencial.
3. Filosofia: diz-se do que está predeterminado e contém todas as condições essenciais à sua realização. [Opõe-se, nesta acepção, ao potencial (3) e ao atual (4).]
4. Informação: que resulta de, ou constitui uma emulação, por programas de computador, de determinado objeto físico ou equipamento,

de um dispositivo ou recurso, ou de certos efeitos ou comportamentos seus.

Virtual conceitua, define e explica muitos significados. Basta explicar e dizer que é virtual que logo se entende o que é, e com o virtual cria-se a ilusão do entendimento: todos pensam que estão entendendo, cada um a sua maneira, e isso gera um total conforto no entendimento e serve para cimentar a significação de várias situações. Palavras como essa estabelecem *links* nas definições complexas das coisas atuais do mundo moderno.

Nesse sentido, a palavra virtual tem excesso de sentido e por isso mesmo há uma necessidade de negociar a todo instante o seu significado, seu espaço, em todo lugar. Depois dos filósofos que introduziram o virtual em suas obras, ficou um hiato enorme e o conceito de virtual só reapareceu nas obras de Henri Bergson e Gilles Deleuze.

Pierre Lévy, em sua principal obra, *O que é o virtual?* (1996), define o virtual como uma palavra derivada do latim medieval *virtualis*, derivado, por sua vez, de *virtus*, força, potência. Segundo ele, na filosofia escolástica, virtual apresenta o que existe em potência e não em ato.

> O virtual tende a atualizar-se, sem ter passado, no entanto, à concretização efetiva ou formal. A árvore está virtualmente presente na semente. Em termos rigorosamente filosóficos, o virtual não se opõe ao real, mas ao atual: virtualidade e atualidade são apenas duas maneiras de ser diferentes (Lévy, 1996, p. 15).

A interseção do virtual com o real proporciona o surgimento de novas formas de sociabilidade, denominadas por Lévy (1999) de comunidades virtuais. Segundo pesquisadores contemporâneos, estas comunidades são diferentes das reais e ao mesmo tempo muito semelhantes. Em uma comunidade virtual, podemos colocar-nos diretamente num meio em que assuntos que nos interessam são debatidos e travamos conhecimento com indivíduos que compartilham de nossos interesses e que podem nos seduzir pela expressão escrita.

Outro autor que associa comunidade com virtualidade é Giddens (2000), que argumenta que o indivíduo deseja fazer-se visível numa rede de pessoas que sejam capazes de ajudar e a quem ele também seja capaz de ajudar, provocando assim uma troca de relações. Giddens (2000) avalia ainda que uma das características distintivas da modernidade seja uma interconexão crescente entre os dois extremos da *extensionalidade* e da *intencionalidade*: de um lado influências globalizantes e, de outro, disposições pessoais. Quanto mais a tradição perde terreno, e quanto mais se reconstitui a vida cotidiana em termos de interação dialética, entre o local e o global, mais os indivíduos vêem-se forçados a negociar por estilos de vida particulares e uma série de possibilidades. O planejamento da vida organizada reflexivamente torna-se característica fundamental da estruturação da autoidentidade.

Segundo Giddens (2000), em condições de *alta modernidade*, como ele denomina o momento contemporâneo, vivemos em um mundo de sentidos diferente daqueles dos períodos históricos anteriores. Todos continuam a viver uma vida local, e os *constraints* do corpo asseguram que todos os indivíduos, a cada momento, estão contextualmente situados no tempo e no espaço.

No entanto, transformações do lugar e a intromissão da distância em atividades locais, combinada com a centralidade da experiência midiática, modificam radicalmente o que *o mundo atualmente é*. Isso se aplica tanto no *mundo fenomênico* do indivíduo quanto no universo geral da atividade social, na qual a vida coletiva é encenada. Apesar de todos viverem uma vida local, o mundo fenomênico é, na maior parte, verdadeiramente global.

Através do virtual, o carnaval tornou-se internacional, global e local. O carnaval está no mundo inteiro e cada lugar tem o seu carnaval. Por exemplo, o Rio de Janeiro tem o carnaval carioca de desfiles luxuosos das grandes escolas em que a comunidade toda participa. No caso especial da Estação Primeira de Mangueira, observamos que havia uma grande relação entre o Centro Cultural Cartola (CCC) e a preparação para o desfile e para o brilhantismo na avenida.

Os jovens e as crianças que realizavam trabalhos do CCC na ocasião, assim como sua Diretora de Projetos Especiais, Nilcemar Nogueira, eram participantes de diversas alas da Escola de Samba em 2004.

Assim é que este estudo teve como relevância a observação e reflexão dos meios de comunicação que se desenvolvem a partir do maior evento nacional que é o carnaval. Constituiu uma surpresa nos depararmos com a virtualidade e todo o seu aparato apoiando, do princípio ao fim, a festa, considerada a mais importante do mundo, conhecida como o maior espetáculo da terra, que é o carnaval carioca.

Referências

FREYRE, Gilberto. *Casa grande e senzala*. Rio de Janeiro: José Olympio, 1987.

GIDDENS, Anthony; Pierson, C. *Conversas com Anthony Giddens – O sentido da modernidade*. Rio de Janeiro: FGV, 2000.

HALL, Stuart. *A identidade cultural na pós-modernidade*. Rio de Janeiro: D. P. & A. Editora, 2001.

KUNCHS, W. Uma contribuição para os estudos da folkcomunicação. *In*: *Comunicação & Sociedade*. Metodista, São Paulo, ano 22, n. 34, segundo semestre de 2000.

LÉVY, Pierre. *O que é o virtual?* São Paulo: Editora 34, 1996.

————. *Cibercultura*. São Paulo: Editora 34, 1999.

Centro Cultural Cartola: lugar que acontece

Nilcemar Nogueira
Edna de Assunção Melo Chernicharo

Este texto visa apresentar o Centro Cultural Cartola no que tange à parte de seu histórico de fundação, que se deu em torno do nome e obra de Cartola, assim como também apresentar outros textos oriundos de pesquisas frutos da parceria estabelecida entre o Centro e a Universidade do Estado do Rio de Janeiro.

O Centro Cultural Cartola localiza-se na comunidade da Mangueira, comunidade de baixa renda que cresceu com uma população de gente pobre, constituída quase na totalidade por negros, filhos e netos de escravos – ou seja, elementos da camada dos desprivilegiados social e economicamente. A Mangueira teve sua ocupação datada do final século XIX, mas o adensamento populacional efetivou-se a partir dos anos 1930, e tem em Cartola um de seus mais importantes representantes.

E foi em nome Cartola que, em 2001, Nilcemar Nogueira e Pedro Paulo, netos dele, fundaram o Centro Cultural Cartola, organização sem fins lucrativos, que tem como objetivo a promoção da cidadania por meio da educação e cultura, motivando os jovens do Morro da Mangueira e adjacências a identificar valores culturais da comunidade a que pertencem, através de oficinas de teatro, dança, música, poesia e eventos socioeducativos. Desde 2003, o Centro Cultural Cartola ocupa uma área de sete mil metros quadrados, em prédio desativado do IBGE, cedido pelo Ministério da Cultura.

A base desse empreendimento é a vasta obra de Angenor de Oliveira, o Cartola, cuja importância para a música popular brasileira é reconhecida. A escolha de Cartola como patrono da instituição se justifica pela sua importância no mundo musical, complementada por sua luta, superação de dificuldades, exemplo de inserção ativa do indivíduo na sociedade por meio da produção cultural. Assim, além da criação de um espaço destinado à exposição e à divulgação da produção cultural de Cartola, o Centro Cultural Cartola realizou a pesquisa e instrução do dossiê que legou ao Samba Carioca o título de Patrimônio Cultural do Brasil.

Com o apoio do Ministério da Cultura, o CCC tornou-se, no ano de 2008, um Pontão de Memória das Matrizes do Samba no Rio de Janeiro. A iniciativa do Centro Cultural Cartola propõe o reconhecimento e o respeito pela cultura afro-brasileira, com eventos que reúnem música, dança e depoimentos que mostram a força do samba, sua história e sua importância como patrimônio cultural brasileiro. O CCC é ainda reconhecido e premiado, com o projeto Orquestra de Violinos, patrocinado pela Petrobras, que prevê a expansão do universo musical dos alunos e propicia a formação de novos talentos.

O Centro Cultural Cartola apresenta, por meio de sua exposição permanente, um pouco da história de seu patrono, grande compositor carioca, um dos fundadores da Estação Primeira de Mangueira e autor de sambas antológicos como *As rosas não falam* e *O sol nascerá*.

Por tudo isso, é de fundamental importância dar a todos o conhecimento de que Cartola é, junto com um grupo de sambistas, o fundador da Escola de Samba Estação Primeira de Mangueira; e não menos importante é saber que Cartola também é um dos pioneiros na criação e popularização do samba enredo.

Com intuito de percorrer um pouco de sua trajetória artística deflagrando sua importância no cenário cultural brasileiro, a exposição temática no Centro Cultural reúne fotos, objetos e discografia, buscando ilustrar a vida, a obra e um pouco da história especial desse mestre, com o qual poderiam se identificar muitos e muitos brasileiros. Portanto, apresentaremos um resumo da história de vida de Cartola, Patrono de causa social.

Cartola se chamava Angenor de Oliveira, nasceu no Catete, na Rua Ferreira Viana nº 09, no dia 11 de outubro de 1908, filho do carpinteiro Sebastião Joaquim de Oliveira e de Aída Gomes de Oliveira. Quando tinha oito anos (1916), a família foi morar em Laranjeiras, numa vila construída para residência de operários da Fábrica de Tecidos Aliança.

A primeira consequência dessa mudança foi adotar o Fluminense como seu clube do coração, a segunda foi uma convivência mais íntima com o carnaval, desfilando ao lado da família no Rancho Arrepiados, que adotava as cores verde-rosa. Os ranchos nessa época eram, das manifestações culturais populares, a que mais se destacava no carnaval carioca.

Esses primeiros anos deixaram também influências decisivas na sua formação musical: "Aprendi a tocar violão sozinho – meu pai tocava e eu ficava olhando para os dedos dele. Quando ele saía para trabalhar, eu pegava o violão e repetia o que ele fazia".

Com a morte de seu avô, em 1919, a situação financeira da família deteriorou-se, obrigando-a a trocar o bairro de Laranjeiras pela favela em formação na Mangueira. Quando os Oliveira lá chegaram, não devia haver mais de cinquenta barracos.

> "Antes de o meu avô morrer, não havia pretinho mais bem vestido do que eu em todo o bairro de Laranjeiras".
>
> *Cartola*

Na Mangueira, Cartola logo começou a frequentar as rodas de bambas existentes na favela, na companhia de Carlos Cachaça, que se tornaria seu principal parceiro e, juntamente com ele, viria a ser um dos sambistas mais respeitados de Mangueira. O samba na época ficava restrito aos morros e subúrbios da cidade – era sinônimo de baderna para a polícia e para a preconceituosa classe média de então, embora fosse entretenimento rotineiro nas favelas cariocas. Assim, propiciava o surgimento de grandes compositores que cantavam o seu cotidiano, os seus sentimentos. "Aqui na Mangueira tinha diversos blocos de sujo. E então tinham os blocozinhos familiares e tinha o nosso, que era de bagunceiros [...] Fazíamos o nosso carnaval à vontade, saíamos pra qualquer negócio". Era o bloco dos arengueiros.

Da possibilidade de unificar o morro a partir de princípios a serem estabelecidos por uma *Escola de Samba* nasceu, em 28 de abril de 1928, da união dos blocos existentes no morro, a Estação Primeira de Mangueira. O nome e as cores verde e rosa (lembrança do rancho de sua infância) foram escolhidos por Cartola, que fundou a ala dos compositores e foi seu primeiro diretor de harmonia. Sua primeira composição *Chega de demanda*, em parceria com Carlos Cachaça, foi também o primeiro samba de desfile da Mangueira.

Passado o tempo em que as rodas de samba eram objeto de constante repressão policial, o samba ultrapassou a barreira do asfalto. Os anos 1930 marcaram o início da era do rádio, com cinco principais emissoras disputando a atenção e o interesse de uma classe média ávida por novidades. Para o crescimento acelerado do consumo de discos e programas radiofônicos faltava apenas um ingrediente: a matéria-prima musical.

Diante da escassez de compositores e músicos, foi nos morros e subúrbios cariocas que os empresários descobriram esse material indispensável. Ali, as camadas populares tinham criado um novo gênero, o

samba, nascido para atender às escolas de samba que começavam a ser fundadas, mudando a face do carnaval carioca.

Nas esquinas do largo da Lapa e da Praça Tiradentes, ou nos corredores das emissoras de rádio, se amontoavam compositores populares. Cartola, alheio a tudo isso, não sabia que seu nome já havia chegado aos ouvidos dos principais intérpretes: àquela altura, ele já desfrutava de reconhecimento na comunidade do samba e suas músicas começavam a ultrapassar as fronteiras da Mangueira. Ficou surpreso quando foi procurado por Mário Reis, que desejava comprar-lhe um samba. A venda do samba *Infeliz sorte*, gravado em 1929 por Francisco Alves, o introduz ao asfalto.

Até 1936, Cartola gravou nove sambas de sua autoria com os principais intérpretes da época, como Francisco Alves, Mário Reis, Silvio Caldas, Carmen Miranda, Arnaldo Amaral e Aracy de Almeida, tendo sido a música *Divina dama* seu maior sucesso. Após esse período, Cartola só foi contemplado novamente pela indústria fonográfica quando da vinda do navio Uruguai. Foi em 1940, quando se deu o convite de Villa-Lobos para participar, ao lado de Donga, Pixinguinha, João da Baiana, Heitor dos Prazeres, Zé Espinguela e outros, de gravações de música popular brasileira com o maestro *Leopoldo Stokowski*, que visitava o Brasil e desejava manter contato com os expoentes da cultura popular brasileira. Realizadas a bordo do navio Uruguai – que estava ancorado no píer da

Praça Mauá –, essas gravações deram origem a dois álbuns de quatro discos de 78 rpm (*Columbia Presents – Native Brazilian*), lançados nos Estados Unidos pela gravadora Columbia.

Na Rádio Cruzeiro do Sul, ainda em 1940, Cartola criou, com Paulo da Portela, o programa *A voz do morro* e se apresentou ao lado de outros sambistas em diversas emissoras. Em 1941, formou, com Paulo da Portela e Heitor dos Prazeres, o *Conjunto carioca*, que, durante um mês, realizou apresentações em São Paulo, em um programa da Rádio Cosmos. Cartola e Paulo da Portela foram grandes responsáveis pela difusão do samba carioca.

No final da década de 40, desapareceu do ambiente musical, transformando-se em figura mitológica dos anos iniciais das Escolas de Samba. Em 1948, com a morte daquela que havia sido sua companheira por mais de vinte e três anos, Deolinda, resolveu deixar o morro, foi morar em Nilópolis. Pouco tempo depois contraiu meningite.

Do início dos anos 50 à década de 60, o mestre da verde-rosa passou por duras provações e tornou-se um saltimbanco de empregos provisórios, que lhe garantiram somente a subsistência. Na parte afetiva, entretanto, surge a figura fundamental de Euzébia Silva do Nascimento, a Dona Zica, com quem, a partir de 1952, inicia um romance que o levaria de volta à Mangueira.

Em decorrência da meningite, não tinha mais condições físicas para exercer a profissão de pedreiro. Foi trabalhar como vigia e lavador de carros num edifício de Ipanema. Certo dia, ao entrar num botequim para tomar um café, foi reconhecido por Sérgio Porto, o Stanislaw Ponte Preta, jornalista e produtor radiofônico que relançou Cartola para o público.

No início da década de 60, Cartola foi morar com Zica num casarão, sede da Associação das Escolas de Samba, localizado na Rua dos Andradas, número 81, no Centro do Rio de Janeiro, que logo se tornou ponto de encontro de sambistas e admiradores do samba. As rodas de samba que aconteciam na Rua dos Andradas possibilitaram a materialização de um velho sonho de Zica, a abertura de um restaurante.

> "O Eugênio queria que o Cartola ficasse rico, Cartola não queria ser rico, queria ser livre".
>
> *D. Zica*

O Zicartola, inaugurado em 05 de setembro de 1963, na Rua da Carioca, nº 53, proporcionou, além do ressurgimento de velhos sambistas, o encontro entre culturas urbanas diferenciadas. Apesar do sucesso, o Zicartola durou apenas três anos. Nessa fase Cartola oficializou sua união com Zica e às vésperas do casamento compôs para sua mulher o samba *Nós dois*, no qual exaltava um amor que duraria até o fim de sua vida.

Finalmente, na década de 70, conquistou o reconhecimento da crítica e da indústria fonográfica. Levado pelo produtor Pelão, gravou aos 66 anos de idade sob o selo de Marcus Pereira seu primeiro disco solo. Ganhou todos os prêmios do ano, e a situação começou a mudar para melhor. Mais *shows* e até novos motivos de inspiração. Nesse período compôs obras que o imortalizariam como: *Acontece, As rosas não falam, O mundo é um moinho, Autonomia* entre outras.

> Somos da Estação Primeira,
> Salve o morro da Mangueira

Durante vários anos da década de 30, a Estação Primeira cantou os sambas de Cartola nos desfiles de carnaval, inclusive no tricampeonato conquistado em 1932, 1933 e 1934. O grande compositor sustentou a sua posição de liderança até 1946.

Em 1978, mudou-se para Jacarepaguá: o assédio constante tirava-lhe o sossego para compor. Em 1979, quando gravava seu quarto LP, desta vez por uma gravadora multinacional, a antiga RCA, foi acometido pela doença que causaria a sua morte.

> "Cartola não existiu, foi um sonho que a gente teve".
>
> *Nelson Sargento*

"Onde essa gente toda vai dormir?". Essa foi uma das últimas frases expressas por Cartola antes de falecer. Era um delírio, dizem seus biógrafos Silva & Filho (2003), ele deveria pensar que estava dando uma festa. Podemos inferir qualquer coisa a partir da análise de uma vida na qual a generosidade sempre esteve presente. Sua casa, ou suas casas sempre estiveram abertas para todo aquele que a elas recorriam. Cartola conheceu o abandono, a desproteção; mesmo assim, sua vida viria a ser um exemplo de simplicidade e generosidade.

Cartola nos deixou em 30 de novembro de 1980, deixando, no entanto, assegurado seu lugar na história do samba, da Mangueira e da Música Popular Brasileira. Na memória de todos que tiveram a oportunidade de conhecê-lo, permanece vivo o homem de fala mansa, de postura discreta e cheia de dignidade, consciente de seu valor.

Talvez, em passagens como as descritas, tão singulares da vida de Cartola, seja possível extrair o que é o sentido de comunidade, delineando um sentimento particular de pertencimento ao grupo, constituindo assim uma identidade comum partilhada ou compartilhada em alguns pontos por todos. Recorreremos a Raquel Paiva (2007) ao citar o filósofo Richard Rorty para nos auxiliar na compreensão do que seja na atualidade o conceito de comunidade:

> os conceitos possuem intrínseca relação com o contexto histórico e com a sociedade na qual foram gerados e que, muitas vezes, não representam nada em contextos diferentes. [...] O conceito de comunidade encontra-se neste limiar, pois está certamente dentre as ideias mais evocadas na atualidade. [...] Isto porque, se para os povos do norte, os europeus, principalmente, a palavra evoca momentos sombrios da sua história, vinculados ao nazifascismo, para os países do hemisfério sul, sugere uma ordem alternativa de existência, pensamento e postulado, capaz de engendrar novos e novíssimos formatos de existência [...] Para nos atermos no Brasil, tem ficado evidente que não existe *a* sociedade brasileira, e sim uma pluralidade de contextos existenciais, com escalas diferenciadas de riqueza, pobreza e miséria, que reivindica a temática do comunitário, mais do que a do societário (Rorty *apud* Paiva, 2007, p. 13).

Ou seja, a maneira de ser do mangueirense se distingue e comunga de pontos comuns com todas as outras comunidades que possuem o samba como o traço central de identificações. O samba irá permitir a articulação, forjando a identidade cultural desse grupo. Destaca-se aqui a importância de Cartola com seu sentimento comunitário que se tornou hoje para os jovens da Mangueira um exemplo da importância da manutenção dos laços sociais da comunidade. A partir dos laços estabelecidos em torno de uma causa comum, seja ela o samba, a sobrevivência ou a preservação da história, o que fica evidenciado é a importância desse sentimento comum como fator determinante na construção da identidade cultural de um grupo, povo ou nação.

Assim, vemos que a questão da transmissão de cultura, constituição de conhecimento já era evidente nas intenções de Cartola. Então, cabe retomar a importância do CCC como ponto de cultura reconhecido pela União Federal – por intermédio da Secretaria de Programas e Projetos Culturais do Ministério da Cultura-SPPC/MinC –, como lugar privilegiado de transmissão de cultura através da Ação Griô e do aprendizado de violinos.

Recorremos à poesia de Cartola no samba *Sou doutor* para delinearmos com lirismo suas intenções, que hoje se tornam realidade pelas mãos dos que fazem os projetos sociais tomarem forma. Diz aí, Cartola, como fala a garotada do CCC dirigindo-se a Cartola, o advogado de causa social:

> Sou doutor
> Sou doutor, mas sou sambista
> Tenho sangue de artista
> Também sei tamborinar
> Sou doutor
> Sei que sou advogado
> Não me faço de rogado
> Quando preciso sambar
>
> É difícil estudar
> Advocacia, arquitetura, engenharia
> Tudo é difícil, eu sei
> Mas o samba está no sangue brasileiro
> Não preciso fazer curso
> Pra tocar o meu pandeiro

O Centro Cultural Cartola abriga outra exposição permanente que é o Centro de Referência de Pesquisa do Samba que se destina ao resgate e documentação do samba, uma manifestação popular de resistência cultural da população brasileira, em particular da população afrodescendente. Visa o resgate de suas referências culturais, em suas mais diversas formas de manifestação: nas rodas de samba, nas quadras das escolas e outras agremiações carnavalescas, nos terreiros, na atuação dos seus atores sociais.

O samba é um elemento de coesão da identidade nacional, cabe resgatar seu processo histórico, sua criação e os personagens que fizeram dessa forma de resistência um meio de contato entre diferentes grupos sociais.

A preocupação com o registro e difusão da memória local fez nascer o Centro de Referência de Pesquisa do Samba. Além dele, o Centro Cultural Cartola conta também com uma biblioteca comunitária e começa a reunir todo o material bibliográfico e musical do Mestre Cartola. A doação da produção de importantes pesquisadores como Sergio Cabral, José Carlos Rêgo, Roberto Moura e o Programa Arca das Letras (Programa do Ministério Agrário) propiciou iniciar a constituição de acervo e a implantação do projeto da biblioteca comunitária *Dona Zica*. O acervo reúne, além das publicações, registro sonoro, audiovisual e fotográfico, depoimentos de personalidades do samba, atendendo hoje aos integrantes das oficinas oferecidas pelo CCC e a estudantes do ensino fundamental, médio e universitário não só da comunidade, mas de outros bairros.

Esse Centro de Referência se encontra em fase de ampliação com o projeto do Inventário das Matrizes do Samba no Rio de Janeiro, patrocinado pelo Instituto do Patrimônio Histórico e Artístico Nacional (IPHAN), apoiado pela Secretaria Especial de Políticas de Promoção da Igualdade Racial (SEPPIR) e pela Fundação Palmares. O resultado da pesquisa do Dossiê e Inventário já se encontra disponível para consulta no Banco de Dados implantado na sala de consulta do Centro Cultural Cartola.

Cabe destacar a realização anual, a partir de 2008, dos Seminários sobre o Samba Patrimônio cultural do Brasil, que tem por finalidade a discussão crítica em torno da indústria do samba. Os Seminários são promovidos pela Secretaria Especial de Políticas de Promoção da Igualdade Racial e pelo Centro Cultural Cartola e tem apoio, por intermédio do Ministério da Cultura, do governo estadual e do governo municipal.

Nesses Seminários são debatidos os bastidores do samba, a mais tradicional manifestação popular do Rio de Janeiro, e seu cotidiano pós-carnaval como tarefa e desafio urgentes. As discussões e propostas indicam a necessidade premente de ser mudado o modelo de organização do evento e da estimulação para abertura de espaços de prática do samba através de políticas públicas culturais; bem como cresce o consenso quanto à necessidade de se firmar um pacto entre poder público, empresários, trabalhadores, entidades carnavalescas e sambistas para que se estabeleçam novas condições de governança, proteção e difusão do samba carioca.

Em todas as mesas desenvolvidas nos Seminários, o carnaval é entendido como a festa-negócio, que na atualidade foi consolidada a partir do surgimento das ditas Super Escolas de Samba S. A., que de certo modo levaram as Escolas a reproduzirem uma desvalorização da essência da matriz cultural. É uma conclusão das discussões realizadas: quando se pensa apenas no samba-espetáculo apresentado pelas escolas de samba do Grupo Especial, isso acarreta a consequência conhecida – padronização quase absoluta nas apresentações nos desfiles oficiais. Outra consequência já predominante é a perda de elementos essenciais tais como o samba no pé, o samba enredo cadenciado, os ritmos característicos das baterias. A dependência de algumas organizações carnavalescas aliada à perda do conhecimento dos elementos que compõem a identidade cultural tem contribuído para sua descaracterização.

Esses Seminários já são uma resposta do Governo Federal, por meio do Ministério da Cultura, de implementação de políticas de estímulo ao chamado Patrimônio Imaterial, incentivando tradições populares e ações de interesse social.

Sabe-se que, apesar de o desfile movimentar milhões de reais, gerando recursos para o Estado e a iniciativa privada, não há um esforço conjunto dos diversos níveis do poder público estadual e municipal para a execução de políticas alinhadas ao programa do Governo Federal, políticas que valorizem as manifestações genuinamente populares e seus praticantes.

É consenso da maioria que participa desses eventos que o foco tem sido um só: o apoio financeiro dos governos estadual e federal ao desfile do Grupo Especial, ação que se encerra nos quatro dias da folia e que, além de privilegiar o megaespetáculo – que já tem condições de se autossustentar, ao atrair patrocínios e publicidade –, cria um muro de exclusão em torno de dezenas de pequenas agremiações, velhas guardas e sambistas tradicionais, ignorados pelos gestores de política pública cultural e pela engrenagem massificadora do turismo, da indústria fonográfica e do espetáculo. O que se vê é uma concentração de recursos e interesses no Sambódromo e nas Super Escolas de Samba, sufocando agremiações médias e pequenas, desestimulando compositores e músicos.

Uma das grandes reflexões geradas nos Seminários diz respeito ao resultado financeiro que o carnaval propicia para a economia do Estado; contudo, esse retorno financeiro não é revertido como benefício às comunidades carentes – duramente perseguidas e discriminadas mesmo depois de o samba ter se transformado em símbolo da identidade nacional – que, no começo e ao longo do século passado, criaram as escolas de samba.

Finalizando, as ações e desdobramentos oriundos do trabalho desenvolvido no Centro Cultural Cartola foram lançados brevemente neste texto. Mas são as realidades das oficinas de arte, da orquestra, dos Seminários, da Ação Griô e dos trabalhos científicos desenvolvidos pelos alunos da Pós-Graduação de Psicologia Social da UERJ que apontam que é possível a concretização das aspirações em que poucos acreditam: que a cultura é patrimônio que deve ser transmitido às gerações das comunidades que em seu conjunto formam a identidade de um país.

Cartola hoje é sinônimo de causa de cultura, Patrono do Centro Cultural que leva seu nome. Dar a conhecê-lo um pouco não só pelo aspecto musical, mas pelo viés pessoal, foi uma escolha realizada para que pudéssemos perceber como esse homem, simples, de vida humilde, se transformou em símbolo de causa social e que sob a insígnia de seu nome continua a contribuir com ações que visam "combater a pobreza, a marginalização da população carente, a exclusão social e a falta de esperança no futuro"[1]. Sua história de vida é marcada por fatos simples do cotidiano de um homem pobre, sua beleza é imaterial como é hoje o samba carioca para o Brasil: Patrimônio imaterial.

Referências

Filmes, entrevistas catalogadas e entrevistas televisionadas

DEPOIMENTO CARTOLA – Projeto Fita meus Olhos. Rio de Janeiro: UERJ, Departamento Cultural: Fundação Museu da Imagem e do Som, 1998. Série depoimentos.

DEPOIMENTO DE DONA ZICA. Programa MPB Especial. Direção: Fernando Faro. TV Cultura, 1973.

Letras de música

Sou doutor. Cartola

Livros, dissertações e teses

ANDRADE, R. *Personalidade e cultura: construções do imaginário*. Rio de Janeiro: Revan/FAPERJ, 2003.

BLOCH, Ernst. *O princípio esperança*. v. 1. v. 2 e v. 3. Rio de Janeiro: EDUERJ/ Contraponto, 2005.

HALL, Stuart. *A identidade cultural na pós-modernidade*. Rio de Janeiro: DP&A, 2000.

JAMESON, Fredric. A política da utopia. *In*: *Contragolpes*. Emir Sader (Org.). *Seleção de artigos da New Left Review*. São Paulo: Boitempo, 2006.

LACAN, Jacques. Subversão do sujeito e dialética do desejo no inconsciente freudiano (1960). *In*: *Escritos*. Rio de Janeiro: Zahar, 1998.

————. *A identificação. Seminário 1961-1962*. Publicação interna do Centro de Estudos do Recife. Recife, outubro 2003.

NOGUEIRA, Nilcemar. *De dentro da Cartola: a poética de Angenor de Oliveira*. Dissertação (Mestrado em Gestão de Bens Culturais e Projetos Sociais) – Fundação Getúlio Vargas, Rio de Janeiro, 2005.

PAIVA, Raquel. *O retorno à comunidade: os novos caminhos do social*. Rio de Janeiro: Mauad X, 2007. Apresentação, p. 13-14.

SILVA, Marília T. Barboza da.; FILHO, Arthur L. Oliveira. *Cartola: os tempos idos*. Rio de Janeiro: Gryphus, 2003.

SILVA, Odacy de Brito. *Na passarela de sua vida: biografia de Dona Zica da Mangueira*. São José dos Campos: Carimbex, 1999.

Sites

<http://www.cartola.org.br/>. Acesso em 18/11/2008.

Entrevista com Cartola. Disponível em <http://www.vermutecomamendoim.com/2008/09/entrevista-com-cartola.html>. Acesso em 20/02/09.

IPHAN. <http://portal.iphan.gov.br/portal/montarDetalheConteudo.do?id=13743&sigla=Institucional&retorno=detalheInstitucional>. Acesso em 22/02/09.

Dossiê das Matrizes do Samba no Rio de Janeiro. Disponível em <http://portal.iphan.gov.br/portal/baixaFcdAnexo.do>. Acesso em 2009.

Projeto grios. Disponível em <http://www.cultura.gov.br/programas_e_acoes/cultura_viva/programa_cultura_viva/grios/>.

Notas

[1] <http://www.cartola.org.br/>; (18/11/2008).

Comunicação e cidade: juventude e pirataria como exercício de cidadania cultural

João Maia
Pedro Prata

Ao completar 18 anos, Flávia tinha certeza de que sua mãe a deixaria, finalmente, participar de uma festa *rave*. Era uma vontade antiga, que habitava seus pensamentos desde o tempo em que foi morar no interior de Minas Gerais. Quando retornasse ao Rio de Janeiro, viraria frequentadora assídua das *raves* cariocas. Não foi tão fácil. Sua mãe – com postura bastante liberal e repleta de disponibilidade para conversar sobre questões da juventude – tinha esta *limitação*: era contra *rave*. Mas tudo bem. Os 18 anos não iriam demorar. Era só segurar a ansiedade e torcer para a moda não passar. A maioridade chegou, as *raves* continuam *bombando* pela cidade, mas o respeito às ordens e orientações da mãe pouco mudou. A mãe continua contra a participação da filha em *raves* e o sonho de Flávia ainda não se realizou.

Por outro lado, os 18 anos trouxeram algumas mudanças significativas na vida da Flávia: ela chegou à maioridade no Brasil, ou seja, passa a ser considerada apta a responder pública e juridicamente pelos seus atos, exercer direitos individuais e contrair obrigações com a sociedade. Esta data se desenrola em novos fatos no cotidiano de Flávia, que podem ser traduzidos em uma série de trivialidades: ela pode tirar carteira de motorista, fazer a sua própria declaração de imposto de renda, responder à justiça de forma independente caso cometa algum delito e, principalmente, votar e ser votada para cargos públicos eletivos. Ou seja, os 18 anos são o momento de maior impacto nos direitos e deveres do indivíduo, que, desta forma, avança no caminho para tornar-se cidadão.

Mesmo como uma jovem liderança comunitária da Candelária, na Mangueira, e preocupada com os problemas e oportunidades para a favela, qual teria sido o motivo de maior ansiedade de Flávia ao completar os 18 anos: a possibilidade de ir a uma *rave* ou a conquista do direito ao voto? De acordo com o seu próprio depoimento, a oportunidade de finalmente conhecer uma *rave* foi o grande motivo de torcida para a chegada da maioridade. E, como isto depende muito mais do aval de sua mãe do que de determinações civis, o aniversário de 18 anos de Flávia não representou nenhuma mudança relevante no seu cotidiano...

Mas onde fica a questão da cidadania para Flávia? Se a absorção de direitos e responsabilidades civis pouco impactou sua vida, como ela se representa como cidadã? Certamente, o que percebemos durante a pesquisa não é – como sustentam autores e o senso comum dos dias de hoje – uma ausência do exercício da cidadania por parte de Flávia. Pelo contrário. Percebemos um exercício diário de uma jovem cidadã que se apropria da cultura local e de recursos culturais disponíveis nos ambientes real e virtual para se colocar para a sociedade como usuária e, especialmente, produtora de saber e conhecimento.

O indivíduo cidadão não é um objeto fixo, que se multiplica de maneira estagnada em culturas e momentos diferenciados. A cidadania é um conceito histórico em constante transformação, que se apresenta de forma específica em cada cultura, em cada localidade. Mesmo a ideia geral que temos de cidadania nos dias atuais – que possui grande referência na modernidade – não é estática. Veremos que o exercício da cidadania na contemporaneidade é repleto de novas possibilidades.

Em seguida, entraremos na discussão sobre a juventude na contemporaneidade. De acordo com o detalhamento que será apresentado no segundo item deste texto, iremos desconstruir o conceito etário de jovem e elaborá-lo a partir de uma perspectiva cultural. Para isso, nos apropriamos dos conceitos de *estilo de vida* e *juventude dilatada*. O primeiro é de formulação de Giddens (2002) e o outro de Canevacci (2005).

A seguir, faremos o debate sobre cidadania cultural.

Cidadania cultural e novas articulações

A construção de cidadania, conforme foi relatado na introdução, é historicamente vinculada às noções de ordem, regras, leis e Estado. Durante o período da Modernidade, quanto mais próximo às normas e à estrutura estatal mais o indivíduo era considerado cidadão. De forma bastante objetiva, pode-se dizer que a cidadania era justamente a relação entre indivíduo e a sua própria acumulação de possibilidades de usos das normas do Estado.

A lógica das mudanças e das novas configurações da cidadania desde o século XIX até o século XX é de formulação de Theodore Marshall. Sua obra orientou os estudos sobre cidadania ao longo das últimas décadas, pois, entre outras contribuições, permitiu o entendimento das conquistas no decorrer deste período por parte dos mais diversos grupos de indivíduos – burgueses, trabalhadores, mulheres, crianças, jovens etc.

> O autor que desenvolveu a distinção entre as várias dimensões da cidadania, T. A. Marshall, sugeriu também que ela, a cidadania, se desenvolveu na Inglaterra com muita lentidão. Primeiro, vieram os direitos civis no século XVIII. Depois, no século XIX, surgiram os direitos políticos. Finalmente, os direitos sociais foram conquistados no século XX. Segundo ele, não se trata de sequência apenas cronológica: ela também é lógica. Foi com base no exercício dos direitos civis, nas liberdades civis, que os ingleses reivindicaram os direitos de votar, de participar do governo de seu país. A participação permitiu a eleição de operários e a criação do Partido Trabalhista, que foram os responsáveis pela introdução dos direitos sociais (Carvalho, 2001, p. 10-11).

Em paralelo ao declínio dos direitos sociais, ocasionado pela substituição de garantias públicas pela necessidade de se obter recursos privados, percebemos o surgimento dos direitos difusos. Nesse âmbito, vamos refletir especificamente sobre a noção de cidadania cultural. Na comunidade da Candelária, no morro da Mangueira, identificamos uma prática cotidiana de apropriação de elementos diversificados da sociedade – como os recursos tecnológicos, foco desta pesquisa – para o exercício de cidadania. Neste caso, esses usos são viabilizados por meio de fluxos de pirataria, como conexão à internet, TV a cabo e ligações de celulares que burlam os caminhos institucionais das grandes empresas operadoras desses serviços. Para além da utilização desses elementos, os moradores da comunidade fazem releituras, constroem reconfigurações. Dessa forma, percebemos a emergência de uma produção cultural baseada no que sustentamos com Juliana Krapp (Maia & Krapp, 2006, p. 3) como cidadania cultural, cujo propósito, mesmo que não consciente e organizado, é "afirmar uma cultura vivida em grupo e apoiada em aspectos que, um dia, serviram de motivação para a exclusão de sua participação nas esferas públicas". Além disso, complementamos o conceito, ao afirmar que

> a cultura do cotidiano, que se elabora do dia-a-dia, do aqui e agora, ganha novas dimensões na contemporaneidade, quando assume diversas maneiras de se propagar. Não falamos do boca a boca da esquina do bairro, mas do *tela a tela* dos computadores instalados em nossas mesas, em um canto da casa, para recuperar o que denominamos de cidadania cultural (Maia & Krapp, 2006, p. 2).

O conceito de cidadania cultural também é desenvolvido por outros autores, mas com foco diferenciado. Adela Cortina (2005) trabalha a questão com forte ênfase na articulação da noção de identidade. Para a autora, essa questão é tão importante que ela chega a argumentar que a "cidadania integra um status legal [um conjunto de direitos], um status moral [um conjunto de responsabilidades] e também uma identidade, pela qual uma pessoa se sabe e sente pertencente a uma sociedade" (Cortina, 2005, p. 139). Além disso, Cortina argumenta que o próprio processo de construção da identidade é resultado da negociação com indivíduos de outras culturas, que, em última instância, se dá por meio de lutas sociais. Assim, a caracterização identitária do indivíduo também demanda ações de cidadania.

> Uma identidade forjada a partir desse triplo horizonte – moral, pessoal e de reconhecimento por parte dos outros significativos – desloca o horizonte moral do registro do destino para o da negociação e da luta pelo reconhecimento. A identidade não nos é dada, mas a negociamos – daí a

importância das lutas sociais empreendidas para obter o reconhecimento dos outros significativos (Cortina, 2005, p. 156).

Além disso, a autora trabalha a noção de cidadania cultural muito relacionada ao conceito de multiculturalismo. Por isso, ela também se preocupa em aprofundar o tema. "Em princípio, poderíamos dizer que o multiculturalismo consiste em um conjunto variado de fenômenos sociais, que derivam da difícil convivência e/ou coexistência em um mesmo espaço social de pessoas que se identificam com culturas diferentes" (Cortina, 2005, p. 140). O "encontro" de culturas diferenciadas, que se aproximam e estabelecem relações solidárias e respeitosas, é a tese central de Cortina. Para a autora, é a partir desse choque de identidades e práticas culturais que se desenvolve o exercício da cidadania cultural – ou cidadania intercultural, como também a denomina.

Para Cortina (2005), o processo de encontro de culturas não é recente. Teve início com o iluminismo, mudou de configuração com a ascensão do romantismo na virada do século XVIII para o XIX e, atualmente, se norteia pela lógica da construção de relações de cidadania. Uma terceira via destas duas visões do processo de articulação multicultural é apontada pela autora como o caminho para a construção da cidadania cultural. Nesse sentido, ela ainda apresenta alguns desafios:

> A tarefa consiste em nossos dias em descobrir esse "a partir de onde" que nos permita conservar o melhor do universalismo e da sensibilidade diante do diferente em um "terceiro" que os supere, sem desperdiçar a riqueza que um e outra oferecem. Esse terceiro consistiria, a meu ver, como comentamos, em uma cidadania intercultural, construída a partir de um autêntico diálogo (Cortina, 2005, p. 146).

A construção da noção de cidadania cultural de Cortina (2005) nos traz reflexões interessantes, especialmente no que tange à importância da cidadania para a construção das identidades. Percebemos que a pesquisa de campo realizada na comunidade da Candelária não corrobora alguns aspectos dessa visão. O primeiro é o caráter evolucionista do processo histórico de construção da cidadania cultural. Ao determinar fases evolutivas – universalismo homogeneizador, romantismo pela diversidade e, por fim, a terceira via do multiculturalismo –, a autora não leva em consideração o estabelecimento de interfaces de cidadania cultural nas relações comunitárias da contemporaneidade. O segundo ponto é a consideração de que o caminho de construção da cidadania cultural é realizado somente por meio de mediações culturais, por meio de momentos e processos de trocas entre culturas distintas que se encontram. Mais uma vez, este não é o caso da Candelária.

Por fim, a autora identifica o multiculturalismo como noção fundamental para a construção da cidadania cultural. No entanto, o multiculturalismo de Cortina (2005) também se baseia em trocas de culturas que se articulam. Neste caso, preferimos a noção de multiculturalismo cunhada por Boaventura de Souza Santos e João Arriscado Nunes (2003), que ressaltam o exercício da cidadania muito mais pela emergência e emancipação de grupos locais do que pela mediação cultural viabilizada pela contemporaneidade. Para estes autores, as experiências de histórias culturais distintas geram uma articulação de diferenças que, por sua vez, acabam por explorar as possibilidades emancipacionistas do multiculturalismo (*idem*, p. 33).

Nesses espaços – aqui representados pela Candelária –, percebemos a construção das interfaces comunitárias com forte ênfase nas relações de socialidade, pautadas pelo sentimento de pertença, pela solidariedade e pela banalidade do cotidiano. Na Candelária, a cidadania cultural não é resultado de um processo evolutivo do encontro de culturas diferentes e delineadas. Ela é um exercício diário e cotidiano que se utiliza da informalidade e da socialidade como mecanismos que buscam estabelecer relações dialógicas com outros atores sociais e resistir à hegemonia da acelerada cidade contemporânea.

Outra alternativa para o entendimento da noção de cidadania cultural é a contribuição de Marilena Chauí (2006), na obra *Cidadania cultural: o direito à cultura*, na qual o conceito de cidadania cultural se confunde com o de política cultural. Preocupada em estabelecer uma nova forma de gestão da Secretaria de Cultura[1] e também constituir novas relações entre cidadãos paulistanos e as práticas de financiamento e promoção do investimento em bens e eventos culturais, Chauí (2006) situa a cidadania cultural como um conjunto de ações e ferramentas direcionadas a romper com um ciclo de privilégios e garantir o acesso à cultura àqueles que, até aquele momento, não eram atendidos pelo Estado – neste caso, a prefeitura de São Paulo –, no que tange à responsabilidade do poder público em viabilizar investimentos culturais democraticamente distribuídos.

Para isso, ela se pauta pela rejeição ao que define como "três concepções de política cultural que, em diferentes conjunturas, se consolidaram nos órgãos públicos de cultura: a da cultura oficial produzida pelo Estado, a populista e a neoliberal" (Chauí, 2006, p. 67). A primeira, característica da ditadura militar dos anos 1960/70, coloca o poder público na qualidade de sujeito cultural e, por isso, com atribuições para definir e disponibilizar os bens culturais mais adequados para a formação do povo e garantir a existência das tradições brasileiras. Além de ressaltar os valores nacionais e a valorização do folclore, "simplesmente por ser folclore", ela se fortalece por meio do autoritarismo, que glorifica o Estado e o monumental (*idem*).

A segunda concepção, voltada para a tradição populista característica dos anos 1950 e do início da década de 1960, se baseia na crença de que o Estado tem um "papel pedagógico sobre as massas populares, apropriando-se da cultura popular para, depois de transformá-la, devolvê-la em sua 'verdade verdadeira' ao 'povo'" (Chauí, 2006, p. 67). A estratégia, neste caso, é a divisão de cultura de elite e cultura popular, cujos conceito e prática são patrocinados pelo Estado. "Nessa divisão, pouco a pouco, a 'cultura de elite' vai sendo satanizada, à medida que a 'cultura popular' vai adquirindo uma aura quase messiânica e salvífica" (*idem*). A terceira e última concepção criticada por Chauí (2006) é a neoliberal, que surge e ganha força a partir dos anos 1980. Nesta experiência, o Estado transfere para a iniciativa privada a capacidade sobre o fomento às atividades culturais e a administração dos bens e patrimônios culturais. Estes equipamentos passam a ter a responsabilidade de sustentar-se a partir de modelos de gestão enxutos. "A tradução administrativa dessa ideologia é a compra de serviços culturais oferecidos por empresas que administram a cultura a partir dos critérios do mercado, alimentando privilégios e exclusões" (*idem*, p. 68).

A partir destas três concepções, Chauí (2006) desenvolve sua crítica:

> Assim, procuramos recusar o controle estatal sobre a cultura e a monumentalidade oficial da tradição autoritária, garantindo contra ela que o

Estado não é produtor de cultura. Procuramos recusar a divisão populista entre cultura de elite e cultura popular [bem como o caráter messiânico atribuído a essa última, depois transformada em pedagogia estatal], enfatizando outra diferença, aquela entre a produção cultural conservadora, repetitiva e conformista [que pode estar presente tanto no elitista como no popularesco] e o trabalho cultural inovador, experimental, crítico e transformador [que pode existir tanto nas criações de elite como nas populares]. Enfim, procuramos recusar a perspectiva neoliberal, garantindo a independência do órgão público e da cultura em face das exigências do mercado e da privatização do que é público (Chauí, 2006, p. 68-69).

Ao rejeitar essas percepções de atuação do Estado no campo da cultura, Chauí (2006) propõe a cidadania cultural como política governamental. Para ela, a cidadania cultural se constrói por meio de quatro pilares: a definição alargada da cultura, que não se resume aos bens culturais como as belas-artes, mas abarca a elaboração coletiva e social de símbolos, valores, ideias, objetos, práticas e comportamentos; a definição política da cultura, que se pauta pelo prisma democrático, ou seja, a garantia da cultura como direito de todos; a conceituação de cultura como trabalho da criação, abrangendo, assim, a sensibilidade, a imaginação e a inteligência como promotoras da mudança; e o reconhecimento dos sujeitos sociais como sujeitos históricos que afirmem as contradições, as lutas e os conflitos da sociedade (Chauí, 2006, p. 72).

Apesar de reconhecermos a importância da identificação, por parte de Chauí (2006), das três concepções de política cultural do Estado brasileiro na segunda metade do século XX e, especialmente, concordarmos que procedem as críticas levantadas pela autora no que diz respeito à condução programática dos governos nestes períodos, não corroboramos a noção de cidadania cultural elaborada no texto. O principal obstáculo da reflexão de Chauí (2006) é justamente a reafirmação de que cultura é algo que precisa ser "levado", "disponibilizado", "garantido" para aqueles excluídos dos privilégios gerados pelo sistema capitalista. Chauí (2006) reforça a prática de que o Estado tem, sim, o papel de incorporar indivíduos que se encontram à margem da cultura, especialmente da sua produção. Mesmo ao criticar o modelo de Estado populista, por exemplo, a autora reafirma a dicotomia entre cultura de elite e cultura popular e ainda defende que a atenção estatal deve estar voltada para esses dois espectros de cultura. Outro exemplo é a crítica ao formato neoliberal de gestão do Estado para a cultura. A autora levanta a preocupação de que, caso esse modelo seja totalmente implementado, um grupo privilegiado terá recursos para usufruir da cultura, enquanto uma maioria ficará renegada a não consumir ou mesmo produzir bens culturais.

Nesse caso, preferimos observar a prática de produção cultural na comunidade da Candelária. Em primeiro lugar, é fundamental ressaltar que trabalhamos com uma noção de cultura que vai além da produção de bens culturais, mas que acredita que a cultura acontece no cotidiano, nas relações, na construção de símbolos e na representação social. Dessa forma, não vamos exacerbar o papel do Estado como responsável em levar ou garantir o acesso à cultura aos cidadãos que se encontravam (ou ainda se encontram) excluídos. A presença fraca do Estado na favela não é obstáculo para uma rica produção cultural que se molda por meio de interfaces entre os indivíduos, como já abordamos, de socialidade e sociabilidade.

Por isso, outras contribuições são consideradas para discutirmos a noção de cidadania cultural identificada na comunidade da Candelária. Apresentamos com Eduardo Bianchi (Maia & Bianchi, 2008) a construção simbólica de um grupo de adolescentes que se autointitulam "ratas", na mesma localidade da Candelária, e constroem a noção de cidadania que se viabiliza por meio da representação e afirmação do corpo e do comportamento, inseridos no contexto de compartilhamento da cultura da cidade.

> Compreendemos a ideia de cidadania como o ato de o homem compartilhar o espaço da cidade, pelo uso da cultura, pela construção de um mapa simbólico que se faz pela apropriação simbólica dos lugares de afetos. Pensamos sobre este homem que se fantasia, se inventa corporalmente para o outro, se quer feliz para o outro. Palavras como vaidade e luxúria são fundamentais para o motor da máquina humana e o desenrolar das histórias das sociedades e das que permeiam o corpo. Exuberância!

Além dessa questão da afirmação, bastante presente nos discursos de jovens da Candelária, outro aspecto também é relevante: a apropriação de elementos culturais como recurso para a melhoria de aspectos do cotidiano dos indivíduos. Dessa forma, a cultura passa por releituras, que, simultaneamente ao processo de criação artística, garantem melhorias ao cotidiano dos indivíduos no que tange, especialmente, às possibilidades de produção cultural. Para Yúdice (2004), "a cultura está sendo crescentemente dirigida como um recurso para a melhoria sociopolítica e econômica, ou seja, para aumentar sua participação nessa era de envolvimento político decadente, de conflitos acerca da cidadania e do surgimento do capitalismo cultural" (Yúdice, 2004, p. 25).

Outra característica do exercício de cidadania cultural observado na comunidade da Candelária é a resistência. Mais uma vez, identificamos especificidades na forma como os indivíduos fazem releitura dos elementos que compõem a sua cidadania cultural. Neste caso, percebemos uma resistência não organizada, não estratégica, que subverte as normas muito mais para viabilizar o cotidiano e desacelerar o ritmo da cidade do que para promover modificações em estruturas dominantes. Para isso, recorremos às contribuições de João Freire Filho (2007):

> Tradicionalmente associada a protestos organizados ou insurreições coletivas de larga-escala contra instituições e ideologias opressivas, a noção de resistência passou a ser frequentemente relacionada, desde os anos 1980, com ações mais prosaicas e sutis, gestos menos tipicamente heroicos da vida cotidiana, não vinculados a derrubadas de regimes políticos ou mesmo a discursos emancipatórios (Freire Filho, 2007, p. 19).

Logo em seguida, o autor nos apresenta uma série de atividades do dia-a-dia que, em uma observação mais profunda, revelam uma nova perspectiva da resistência na contemporaneidade:

> fazer gazeta ou "corpo mole" na escola ou no trabalho; caminhar à-toa, andar sem destino pelas ruas da cidade; reconfigurar os significados de espaços públicos e comerciais como zonas de autonomia e festas; fingir aquiescência ou ignorância; difamar o chefe e outras figuras de autoridade [ou zombar deles pelas costas] (Freire Filho, 2007, p. 19).

Dessa forma, levantamos as três características marcantes do exercício de cidadania cultural na comunidade da Candelária: a afirmação do simbólico local, a apropriação da cultura como recurso e a prática da resistência nas sinuosidades do cotidiano.

No próximo item, discutiremos a noção de juventude na contemporaneidade.

O segmento juvenil: da desconstrução etária aos aspectos culturais

A noção de juventude caracteriza-se por representações bastante sólidas e outras, no sentido oposto, extremamente fluidas. A percepção do indivíduo jovem está, no senso comum, relacionada a determinada faixa etária, mas ao mesmo tempo vinculada a certo tipo de postura, uma forma de levar a vida, um *estado de espírito* que pode ser praticado por pessoas de qualquer idade. Esta dualidade também está presente nas discussões acadêmicas. Desde o início da década de 1990, quando a questão da juventude foi resgatada às pautas tanto da universidade quanto do Estado, a conceituação do segmento juvenil tornou-se desafiadora.

Assim, o delineamento sobre grupo específico da juventude não é fechado. Mesmo o Estado, que historicamente precisa ser regulado por definições objetivas para sua atuação, não chegou a uma conclusão sobre quem é o indivíduo jovem. Isso acontece tanto no Brasil quanto em outros países que avançam nessa discussão, especialmente na Europa e na América Latina. O caminho mais utilizado é, sem dúvida, a definição etária, onde são estipuladas as idades mínimas e máximas para o segmento juvenil. Esse é um tópico importante para a formulação das políticas públicas sociais, pois envolve diretamente o número de pessoas a serem atendidas e, consequentemente, os recursos financeiros investidos. Um trecho do livro do escritório brasileiro da Unesco demonstra com clareza esse anseio em definir a faixa etária da juventude:

> Do ponto de vista demográfico, os jovens são, principalmente, um grupo populacional que corresponde a uma determinada faixa etária que varia segundo contextos particulares, mas que, geralmente, está localizada entre os 15 e os 24 anos de idade. No caso de áreas rurais ou de pobreza extrema, o limite se desloca para baixo e inclui o grupo de 10 a 14 anos; em estratos sociais médios e altos urbanizados se amplia para cima para

incluir o grupo de 25 a 29 anos. Segundo diversas circunstâncias particulares, identifica-se, como jovens, um conjunto de pessoas de idades variáveis que não pode ser tratado com começo e fim rígidos (Unesco, 2004, p. 25).

Apesar de reconhecermos a importância de se focar grupos para a execução de políticas públicas, propomos a adoção da perspectiva cultural da juventude. Dessa forma, retomamos a noção de que o segmento juvenil não é natural às sociedades, mas, sim, resultado de determinados fatos historicamente construídos. A noção de juventude está relacionada a uma prática do cotidiano e a uma postura em relação aos fenômenos culturais. Para além da diferenciação de contextos sociais que supostamente determinariam a faixa etária de transição da infância para a vida adulta, interessa-nos perceber quais atividades e comportamentos constituem a identidade juvenil. Por meio da produção de bens simbólicos, a juventude é percebida de forma diferenciada, específica, especial. E isso não pode ser reduzido a recortes etários. "Juventude é um conceito vazio de conteúdo fora de seu contexto histórico e sociocultural [...]. O estudo dos fenômenos juvenis, portanto, só será entendido no marco geral das grandes mudanças socioeconômicas e culturais" (Valenzuela, 1998, p. 38-39).

O caminho para encontrar as referências que norteiam as discussões sobre juventude deve também conter a perspectiva de que o indivíduo jovem é repleto de práticas e representações próprias. Isso deve ser considerado justamente para que o tema não seja encarado somente como uma "etapa, ponte, momento em consistência ou identidade reduzido a uma meta transição entre grupos de idade" (Martín-Barbero, 2001, p. 23). Esta abordagem é ressaltada por Regina Novaes (2007):

> Como se sabe, a sequência infância-juventude-maturidade foi ganhando conteúdos, definições sociais e jurídicas ao longo da história. São arbitrários culturais, socialmente construídos, que determinam em que momento e através de quais rituais de passagem se muda de uma fase da vida para outra. No tempo e no espaço, variam as idades cronológicas e variam também as expectativas que as sociedades constroem para seus jovens. Na verdade, a construção da categoria juventude se fez e se faz no bojo de disputas sociais, econômicas e políticas (Novaes, 2007, p. 19).

Rossana Reguillo (1998) complementa a construção da noção de juventude ao ressaltar o seu caráter de diversidade:

> em nenhuma parte do mundo a juventude representa um bloco homogêneo capaz de responder por um conjunto de categorias fixas [...] [Os jovens] trabalham, vão à escola, abraçam algumas causas, mas os referenciais identitários não passam pela fábrica, pela escola, pelo partido. A identidade está em outra parte. São identidades móveis, efêmeras, mutantes, capazes de respostas ágeis e, por vezes, surpreendentemente comprometidas (Reguillo, 1998, p. 58).

A partir dessas contribuições, chegamos aos dois conceitos fundamentais para a nossa reflexão sobre juventude. A noção de *estilo de vida*, apresentada por Anthony Giddens (2002, p. 79), é fundamental para a construção da ideia de juventude nesta pesquisa. Além da conceituação, ela também permeia a metodologia, pois baliza inclusive a escolha das pessoas entrevistadas. Para este autor, o estilo de vida está, necessariamente, em contraponto à tradição e alinhado à modernidade. Isso acontece porque, enquanto a tradição se pauta por ordenações relativamente fixas, a modernidade possibilita ao indivíduo uma gama maior de escolhas, ao mesmo tempo que fornece pouca ajuda sobre as opções que devem ser selecionadas. Nesse contexto, ele escreve que "um estilo de vida pode ser definido como um conjunto mais ou menos integrado de práticas que um indivíduo abraça não só porque essas práticas preenchem necessidades utilitárias, mas porque dão forma material a uma narrativa particular da autoidentidade" (*idem*).

Segundo esse ponto de vista, a juventude se coloca muito mais como um grupo que se *encontra* neste *estilo de vida* do que por coincidências etárias. "Os estilos de vida são práticas rotinizadas, as rotinas incorporadas em hábitos de vestir, comer, modos de agir e lugares preferidos de encontrar os outros; mas as rotinas seguidas estão reflexivamente abertas à mudança à luz da natureza móvel da autoidentidade" (Giddens, 2002, p. 79).

Também por permear esta perspectiva teórica mais contemporânea, nos apropriamos das contribuições de Massimo Canevacci (2005). Ele trabalha justamente com a noção de juventude, mas afirma a existência da dilatação da noção de jovem, "virando do avesso as categorias que fixavam faixas etárias definidas e claras passagens geracionais". Desta forma, os jovens são intermináveis:

> Cada jovem, ou melhor, cada ser humano, cada indivíduo pode perceber sua própria condição de jovem como não-terminada e inclusive como não-terminável. Por isso, assiste-se a um conjunto de atitudes que caracterizam de modo absolutamente único nossa era: as dilatações juvenis. O dilatar-se da autopercepção enquanto jovem sem limites de idade definidos e objetivos define as barreiras tradicionais, tanto sociológicas e biológicas. Morrem as faixas etárias, morre o trabalho, morre o corpo natural, desmorona a demografia, multiplicam-se as identidades móveis e nômades. E nasce a antropologia da juventude (Canevacci, 2005, p. 29).

Ao articularmos os conceitos de *estilo de vida* e *juventude dilatada*, percebemos a congruência de elementos culturais que permeiam jovens da comunidade da Candelária. Ao invés de um contingente etário, a juventude se apresenta como um grupo de indivíduos com formas específicas de socialidade e práticas culturais. Ao revelar as suas próprias noções de juventude – através das falas e das ações do cotidiano –, os jovens da comunidade também não se atêm a limites etários, mas, sim, a um conjunto de atividades e representações que moldam o segmento juvenil. Na adoção de perspectivas culturais para discorrer sobre a juventude, este texto busca também, em bases teóricas, reafirmar a importância da produção de conhecimento dos indivíduos moradores da favela.

A partir da reflexão sobre cidadania cultural e juventude dilatada, percebemos a emergência de práticas juvenis inovadoras na comunidade da Candelária. Ao burlar as mensagens de celulares, navegar como piratas na internet, fazer a sua própria programação de TV a cabo, a juventude da favela nos revela uma capacidade e disponibilidade para a inovação e, principalmente, para a produção cultural.

Desde já, essa criatividade se consolida como uma nova cidadania, uma nova resistência e uma nova perspectiva de juventude na sociedade. Afinal, alguém ainda duvida que tanto a festa *rave* de Flávia quanto o seu voto nas próximas eleições podem delinear o caminho da jovem?

Referências

CANEVACCI, Massimo. *Culturas eXtremas: mutações juvenis nos corpos das metrópoles*. Rio de Janeiro: DP&A, 2005.

CARVALHO, José Murilo de. *Cidadania no Brasil: o longo caminho*. São Paulo: Civilização Brasileira, 2001.

CHAUÍ, Marilena. *Cidadania cultural: o direito à cultura*. São Paulo: Fundação Perseu Abramo, 2006.

CORTINA, Adela. *Cidadãos do mundo: para uma teoria da cidadania*. São Paulo: Loyola, 2005.

FREIRE FILHO, João. *Reinvenções da resistência juvenil: os estudos culturais e as micropolíticas do cotidiano*. Rio de Janeiro: Mauad X, 2007.

GIDDENS, Anthony. *Modernidade e identidade*. Rio de Janeiro: Jorge Zahar, 2002.

MAIA, João L. A. Comunicação e comunidade: múltiplos espaços e temporalidades no Morro da Mangueira. *Semiosfera* (Rio de Janeiro), UFRJ/ECO, v. 8, p. 1-5, 2005.

MAIA, João. L. A.; KRAPP, Juliana. Cultura, resistência e astúcia na comunidade da Mangueira. *In*: INTERCOM - XXIX Congresso Brasileiro de Ciências da Comunicação, 2006, Brasília.

MAIA, João; BIANCHI, Eduardo. Mangueira suas ratas são uma beleza. *In*: IV INTERCOM – XXXI Congresso Brasileiro de Ciências da Comunicação, 2008, Natal.

MARTÍN-BARBERO, Jesús. *Dos meios às mediações: comunicação, cultura e hegemonia*. Rio de janeiro: Editora UFRJ, 2001.

NOVAES, Regina. Juventudes brasileiras, territórios de resistência e criatividade. *In*: ABEL, Rodrigo. *Para além das políticas de juventude*. Rio de Janeiro: 2007.

REGUILLO, Rossana. El año dos mil. Ética, política e estéticas: imaginários adscripciones y prácticas juveniles. Caso mexicano. *In*: CUBIDES, Humberto; TOSCANO, Maria; VALDERRAMA, Carlos (Orgs.). *Viviendo a toda: jóvenes, territorios culturales y nuevas sensibilidades*. Bogotá: Siglo del Hombre/DIUC, 1998.

SANTOS, Boaventura de Souza; NUNES, João Arriscado. Introdução: para ampliar o cânone do reconhecimento, da diferença e da igualdade. *In*: SANTOS, Boaventura de Souza. (Org.). *Reconhecer para libertar: os caminhos para o cosmopolitismo multicultural.* Rio de Janeiro: Civilização Brasileira, 2003.

UNESCO. *Políticas públicas de/para/com juventudes.* Brasília: Unesco, 2004.

VALENZUELA, J. M. Identidades juvenis. *In*: CUBIDES, H. J.; TOSCANO, M. C. L.; VALDERRAMA, C. E. H. (Orgs.). *Viviendo a toda: jóvenes, territorios culturales y nuevas sensibilidades.* Bogotá: Siglo del Hombre/DIUC, 1998.

YÚDICE, George. *A conveniência da cultura: usos da cultura na era global.* Belo Horizonte: UFMG, 2004.

Notas

[1] Marilena Chauí esteve à frente da Secretaria Municipal de Cultura de São Paulo entre 1989 e 1992, na gestão da ex-prefeita Luiza Erundina.

Como se ser, se não se sabe? O conhecimento como possibilidade de superação – em condições de vulnerabilidade

Sonia Bahia

A ideia de que há uma trajetória a ser delineada até a idade adulta acompanha as concepções sobre a vida humana, a partir do momento em que as reflexões sobre o sujeito passaram a ser buscadas como critério de originalidade dos seres humanos e da ciência. Concebia-se que era suficiente ao ser humano o reconhecimento de si, do seu ambiente e das dificuldades que poderiam advir desse contato para que ele pudesse desenvolver estratégias para a superação das condições que inviabilizavam sua felicidade. Ainda que seja difícil datar, essa perspectiva passou a ser delineada de forma mais clara a partir da Idade Média, situando-se mais precisamente na modernidade. Em determinados momentos, a compreensão da linearidade desses percursos se fez de uma maneira intensa e permeou as concepções das ciências mais reflexivas tanto na definição de seus objetos, quanto na forma como intervieram sobre o ser humano, acreditando-se que a ampliação da consciência de si permitiria uma melhor adaptação ao meio.

Os estudos contemporâneos têm provado, entretanto, que nem sempre o ser humano consegue, por si mesmo, viabilizar a superação dessas condições de vulnerabilidade que o cercam e têm, muitas vezes, reconhecido que a sobrevivência em determinados microambientes é capaz de provocar danos irreparáveis ao próprio desenvolvimento biológico do ser e, sobretudo, ao comportamento psicossocial. Diante disso, pensar em trajetórias e identidades direciona o olhar para a possibilidade de se devolver a autoria de sujeitos que vivem imersos em situações adversas.

A Psicologia, revendo suas práticas e seus compromissos, se redefiniu em níveis epistemológicos, passando, então, a reconhecer que o seu objetivo:

> [...] seria poder reconhecer o ser humano como histórico, isto é, como alguém que se constitui nas relações sociais, no manejo dos instrumentos culturais e na apropriação da linguagem, alguém em permanente transformação e que se constitui a partir das possibilidades conquistadas pela humanidade. Por isso o fenômeno psicológico deve ser visto também como histórico, surge e se forja a partir das relações do homem com o mundo físico e social, mas todos os elementos internos, constitutivos do que se chama psíquico, são mapeados e estruturados a partir das relações que são sociais (Book, 1997, p. 5).

Nessa direção, o equilíbrio social é determinante para qualquer compreensão que se possa ter da saúde psicossocial das pessoas.

Narrativas e historicidade

Em todas as culturas, pessoas e sujeitos desenvolvem narrativas a respeito de si mesmos ou sobre temas e assuntos que fizeram parte de suas vivências e/ou de suas memórias. Para Sartre, o indivíduo não é apenas o desejo, mas o desejo de ser (*apud* Carreteiro, 2003, p. 288). Compreende-se, assim, que não é suficiente desejar, é necessário materializar e articular esses desejos.

A narrativa adquiriu nova importância nos últimos anos, quando se reconheceu o papel que o contar história desempenha na composição dos fenômenos sociais. Segundo Baptista (2006):

> As narrativas conseguem refletir como as pessoas negociam seus papéis no cotidiano ao longo de suas vidas. Não importando se aceitam ou desafiam as normas, suas narrativas recontam o processo de construção de seu eu, e são ricas em ilustração sobre a identidade (Baptista, 2006, p. 1).

O imaginário coletivo é tributário de narrativas, sob a forma de epopeias míticas, contos de infância, relatos de viajantes, autobiografias e diários, mesclando-se, inevitavelmente, elementos da ficção e da realidade. Dessa forma, as narrativas são mais do que um método de investigação; são formações discursivas referentes à maneira como uma sociedade se autodefine. Foucault (1969) legitima essa compreensão quando diz que muitos enunciados feitos pelos sujeitos têm de ser revistos sob uma ótica persistente e crítica, pois a história não se apresenta ordenada linearmente, mas sim através de rupturas e níveis diferenciados de escamações, nos quais é possível reconhecerem-se as permanências e os jogos de relações que elas sustentam.

A partir do século XX, com a expansão da Teoria da Literatura e com o agregamento da Etnometodologia (Garfinkel, 1967; Shutz, 1983; Lévi-Strauss, 1971), as falas dos sujeitos foram alçadas ao reconhecimento de credibilidade e a um lugar de discurso, como expressivas, significativas e representacionais de um sujeito social e histórico. Entre as possibilidades de expressão de narrativas, encontram-se as histórias de vida, as quais agregam, mais intensamente, a perspectiva da noção afetiva na construção da narrativa, abrangendo então seu lado ficcional. Entende-se, por isso, que as narrativas, como técnicas, podem ser aplicadas ao estudo de fenômenos temáticos, mas, como histórias de vida, trata-se, especificamente, do reconhecimento do sujeito individual.

Ciências como a Antropologia, a Sociologia e a Filosofia tiveram, em suas construções, determinadas preocupações epistemológicas e filosóficas e buscaram assegurar que o ser humano obtivesse maneiras de se apropriar de seus percursos como uma forma de conhecimento reflexivo e de explicação sobre a realidade. Outras disciplinas, como a Literatura, a Linguística, a História, as Ciências Sociais e a própria Psicanálise, fizeram da narrativa uma teorização e um instrumento para traçar a história e a memória, tanto coletiva como individual.

A Psicologia, desde os seus primórdios, se preocupou em estudar a vida dos indivíduos, buscando a compreensão dos fatos que influenciam nos seus processos de percepção e memória. Essa utilização foi cíclica, sendo a investigação das histórias de vida, das biografias e dos estudos de casos recentemente resgatada como técnica, desenvolvendo-se um interesse quanto ao papel que exercem no estabelecimento das identidades pessoais. Uma das discussões importantes trazidas pela reintrodução do uso da história de vida foi a revisão do conceito de historicidade.

Para Ferraroti (1986), as tensões existentes entre os dois aspectos referenciais do conceito de História são pulsão *versus* transformação. A primeira tem uma correspondência com a história de grupos, mormente de elites, agregada a uma metodologia mecânica instrumental, tornandose, muitas vezes, uma ciência produzida com viés político, contaminada pela ideologia dos grupos dominantes, que se queriam detentores exclusivos de valor e verdade. A segunda, a da transformação, implica uma ruptura com a concepção de História como sucessão de fatos diacrônicos, buscando os fatos singulares no interior de um horizonte histórico, dimensão na qual se insere a história de vida. A história de cada um conecta-se com a memória coletiva detida no cotidiano.

Para esse autor, o comportamento humano diferencia-se do comportamento animal por ser, além de instintual, guiado por um projeto teleológico, o que significa que o ser humano se estrutura por objetivos instalados sobre um *si-mesmo*, olhando criticamente suas lembranças acumuladas sobre a base dessa memória coletiva (Ferraroti, 1986, p. 32).

Será a História apenas aquela que narra o passado de algumas celebridades e de seus empreendimentos? Foi Nietzsche quem chamou a atenção para o fato de que a história não acontece; ela é ação – uma ação que rompe o cotidiano e opera novas possibilidades. Praticamente isso só se torna possível quando não há excesso de paralisação do sentido histórico. Por isso, segundo Ferraroti (1986), a história, como memória coletiva, deve permitir uma consciência crítica do presente e se operar sobre o futuro. Nesse sentido, a história dos homens comuns é a história vista em sua marcha lenta, é a história vinda de baixo. E a melhor forma de se obter tais dados é através da história de vida.

Ainda com base nos princípios que Ferraroti (1986) adota, temos que:

> Cada narração autobiográfica reconta, segundo um corte horizontal ou vertical, uma prática humana. Por isso a essência humana está na sua realidade, em suas relações sociais [...] Uma vida se constitui numa prática que foi apropriada nas relações sociais (proveniente das estruturas sociais). O sujeito as interioriza e as transforma em estruturas psíquicas, através de sucessivas desestruturações e reestruturações [...] cada vida humana se revela muito nos aspectos mais generalizáveis como sínteses verticais de uma estrutura social (Ferraroti, 1986, p. 43).

Compreende-se, assim, que reconstituir a história e a memória coletiva é resgatar a capacidade dos sujeitos de agir. Depreende-se, também, que a história de vida tem não apenas um valor heurístico, mas um valor existencial, visto que se baseia na escuta dos sujeitos no campo. As teorias que subjazem a essa técnica se alimentam em múltiplos aportes teóricos, que incluem, por pressuposição, a Psicanálise e a Psicologia Social de Pichon-Rivière (1960), cuja compreensão de sujeito é convergente com os enunciados de Ferraroti (1986). Essa abordagem vem sendo contemporaneamente utilizada na Universidade de Paris VII, com êxito, pelo Dr. Vincent De Gaulejac e pelo Professor Eugene Enriquez, os quais agregam algumas possibilidades à técnica de investigação, ao que chamam de *Aproximação clínica às Ciências Humanas*.

Para Enriquez (1988), essa parece ser a única aproximação adequada para as ciências humanas. De fato, o que se busca, em última análise, é o sentido das práticas humanas atribuído pelos próprios seres humanos em confronto com os significados acordados na cultura de onde emergem. Mas Enriquez adverte que esse sentido não está pré-fixado. O(s) sentido(s) é(são) sempre reconstruído(s) no tempo e se revela(m) no curso dos acontecimentos e da própria situação interativa de pesquisa. Relembra, também, que Freud não poderia ter elaborado sua teoria da histeria sem a cooperação de seus pacientes.

Na obra de De Gaulejac (1985), um dos precursores desse campo disciplinar, encontramos também um ponto de convergência extremamente sutil. De Gaulejac inaugura uma abordagem conhecida como *Romance familiar e trajetória social*[1], a qual se inscreve no encontro entre a Psicanálise e a Psicossociologia[2].

Já em 1960, Rivière propunha que o sujeito vive, mas internaliza suas vivências de forma fantasiada a partir dos códigos individuais, entre os quais está o desejo. Assim, ele constrói sua matriz existencial pela qual explica e dá sentido ao mundo. É claro que, também nesse caso, a noção de inconsciente está agregada ao explicar tal mecanismo. Rivière aproxima-se, assim, da própria concepção trazida por De Gaulejac, que se baseia também em Freud, nos seus escritos sobre "romances familiares" como possibilidades de transmissão das heranças, além de considerar o conceito de *habitus* descrito por Bourdieu (1981). A utilização da Psicanálise para a leitura do social, em que pese os frequentes dilemas que tem encetado, já foi pensada por outros intelectuais. Freud pensou, também, no laço social, considerando o inconsciente um elemento central na formatação desse vínculo.

Um caso empírico: a história de vida de Nilcemar Nogueira

Nilcemar Nogueira, criança nascida e criada no Rio de Janeiro, filha de uma família de baixa renda, teve uma infância marcada pela severidade paterna – referencia-se ao pai como ciumento e impositivo, que lhe proibia fazer quase tudo –, pai esse que guardou, até o momento de sua morte, uma distância dos demais parentes, dada a sua concepção de que *moça de família, para não se corromper, precisa ser resguardada*. Com a morte de seu progenitor, passou a viver com os avós maternos, a quem tanto se afeiçoou, passando a tê-los como referência em seus afetos. Diz que sua herança é marcada duplamente: pela avó, em sua paciência, e por seu avô – conhecido como Cartola, compositor de destaque no cenário da música brasileira –, a quem admirou e com quem aprendeu muito. Nilcemar Nogueira fez dois cursos de graduação e um de mestrado na área de Memória e Patrimônio Cultural. Hoje, preside um órgão público no Estado do Rio de Janeiro e mantém em atividade o Centro Cultural Cartola, situado na favela da Mangueira, onde desenvolve trabalhos de resgate da memória do samba de raiz e atua em projetos de cidadania para crianças da favela, com destaque para a orquestra de violinos e flauta doce.

Destacamos elementos da história de vida de Nilcemar Nogueira, obtidos por meio de entrevistas realizadas em agosto de 2006. Esta entrevista que enfocamos aqui foi longa e detalhada, contudo escolhemos fragmentos para explicitar nosso entendimento. Expomos a seguir trechos a partir dos quais nos foi possível mapear os pontos centrais que se configuraram como possíveis ancoragens para a construção de sua trajetória e para a eclosão de sua liderança nesse cenário vulnerável onde cresceu e atua.

Sobre a presença de um modelo familiar ou de alguém que fosse afeto e presença, Nilcemar Nogueira diz:

> [...] Com meu avô, estabeleci uma relação [...] aprendi muito com ele. Comparei muito a relação de meus pais com a relação de meus avós, fiquei tão apegada que, quando eles se mudaram, fui morar com eles. Tinham respeito um pelo outro. Eram bem diferentes: ele era o poeta, mas ela era a alegria e abertura de vida. Terminei reproduzindo o modelo dos dois [...] Essa identificação foi que me levou a fazer os trabalhos que faço [...].

Nilcemar Nogueira expressa que observação e confiança são um modo de ver o mundo, resultando na percepção acurada das diferenças individuais:

> [...] Eu perguntava a ele se podia ir a um certo lugar com uma pessoa, e ele me dizia sempre: não sei. Você que deve saber. Não conheço essa pessoa, não sei para onde você está indo. Só você pode saber mesmo se pode ir [...] aprendi muito a observar as pessoas, pelos ensinamentos que recebi. Aprendi a ser reservada e a desconfiar [...].

Para refletir sobre a realidade, Nilcemar Nogueira demonstra ter desenvolvido capacidade de estabelecer limites e de distanciar-se: "Meu avô era introspectivo e se fazia respeitar e respeitava muito a si mesmo. Aprendi a dar limites com ele. Era difícil alguém invadir esse limite, era difícil ele se expor além do que ele queria. No seu isolamento era um sábio".

Revela-se, no trecho a seguir, como Nilcemar Nogueira reconhece a realidade e estabelece formas de enfrentamento:

> [...] Entender, enxergar as dificuldades que se apresentam. A gente tem que fazer valer. Reconheço os enfrentamentos, vejo como naturais, so-

cialmente instituídos, o caminho para percorrer é difícil. Sempre tive comigo que tinha que superar e devolver a eles tudo que tinham me dado. Queriam que eu crescesse. Isso foi algo definitivo para as minhas escolhas. Eu sempre tive muita pressa para desonerar eles. O estudo era fundamental [...].

Como a herança é identificada por Nilcemar Nogueira:

> [...] Primeiramente fazia as coisas por *feeling*, por intuição, mas depois o conhecimento foi me mostrando de forma sistemática aquilo que eu já sabia. Eu digo sempre que *herdei um bastão*, e quero dar continuidade a isso. Herdei um legado, uma responsabilidade social com uma comunidade, eles ajudaram a criar muitas pessoas. Por isso, o que herdei foi mais que um papel. Sempre busquei, com uma força insaciável, as coisas que quis. Mas acho que o saber, o conhecer é que permite a gente avaliar. Achei que era *importante fazer valer. A gente tem missões* [...].

Sobre a consciência de si e o papel da educação, diz Nilcemar Nogueira:

> [...] Ter ciência do que se faz, poder se avaliar. Creio mesmo que gerenciei minha própria vida. Tem umas palavras que me acompanham sempre em minhas ações: "Quem somos? O que queremos ser? O que temos?". Só assim podemos reconhecer um caminho a ser percorrido. Eu não aceitava certas coisas e precisava me fortalecer para lutar contra aquilo. Por isto estudei muito e não me canso de estudar quando precisa, quero conhecer, quero saber [...].

Em relação ao poder e à luta de forças, afirma que:

> [...] É preciso que a gente saiba fazer valer. É preciso encarar os desafios, porque precisamos também dizer do nosso modo quem somos e onde queremos chegar. Fazer um exercício de protagonismo, a gente só consegue quando mergulha na nossa própria história. Mas nem todos conseguem, porque não têm acesso. A oportunidade é dada a poucos. Às vezes, eles não têm nem sabem como ser. Precisam conhecer, para poder ser. A gente precisa deixar ver sem medo de ser feliz [...].

Sua força de busca e suas palavras de ordem se expressam no trecho a seguir:

> [...] Mas resolvi agora tomar as rédeas, mostrar como nos vemos. Fazer um exercício de *protagonismo* da minha história, de minhas ações. O que importa não é o sentimento do outro, mas o nosso mesmo. E não tem jeito não; a oportunidade é dada a poucos. *É falta de oportunidade de se ser* [...].

Ao usar o violino como metáfora, considera que:

> [...] O violino cumpre exatamente esse papel, abarca todo esse processo. Em teoria, é um instrumento de música clássica que não pertencia a esse universo. Eles eram excluídos não porque não gostassem, mas porque nunca foram apresentados. A minha questão é mostrar que ele pode e que não precisa ficar refém do que está dado [...].

A condição para a superação

Na busca de respostas para a problemática da vulnerabilidade e da possibilidade de sua superação, tomamos como exemplo, nesta história de vida, o protagonismo. De um lado percebemos, como a própria entrevistada nos diz, que o resgate da história de vida permite esse olhar distanciado e a verificação do seu próprio trajeto, seu reconhecimento reflexivo, além da apropriação a que isso conduz: uma re-arrumação subjetiva de suas experiências. Por isso, no presente estudo, nos apercebemos do papel que o conhecimento exerce na superação das condições de vulnerabilidade.

As diversas formas de conhecimento se constituem num lastro para o aumento da autoestima e na possibilidade de uma ação que assegure um encontro com o outro em condição de igualdade de legitimações – tanto o conhecimento formal, aquele sistematizado pela cultura letrada, como o conhecimento subjetivado no próprio sujeito, quando este se reconhece na condição de autor de si mesmo e reincorpora seus conhecimentos cotidianos como históricos. Eis a surpresa da revelação! Ao apropriar-se de si, o sujeito inverte a relação da alteridade: não apenas o olhar do outro a institui, mas ele passa a ter acesso à fala e diz ao outro, também, as possibilidades de como pode e deseja ser visto e reconhecido.

Podemos verificar, também, que o conjunto das relações afetivas leva a uma aprendizagem significativa de si mesmo, reportando o indivíduo a se reconhecer em sua dignidade humana como dono de sua existência e igual aos demais e a todos. É o olhar do outro, o olhar do familiar e do afeto, que institui um lugar para o sujeito no real. Reafirma-se, assim, que a alteridade, como princípio formador da identidade, é, em última análise, o vetor a partir do qual o sujeito tanto se transforma quanto transforma a visão e a compreensão que tem do outro.

Ressalte-se que a alteridade aqui pensada não é apenas aquela relação que institui o outro, mas que institui e constitui o si mesmo; uma alteridade cujo foco do poder não é a partir do olhar do outro, mas a partir do olhar de si mesmo. E é nesse giro antropológico do olhar que se instaura o ganho da condição de liderança e a consideração de sua possibilidade de auxílio aos demais. Ser líder, em certo sentido, é ser capaz de ser leitor das entrelinhas relacionais e de ser porta-voz das demandas mais existenciais dos sujeitos. O porta-voz se constitui nas dinâmicas intersubjetivas, na capacidade de dar voz às demandas suas e dos outros, aqueles com os quais se identifica, e de clarificar demandas e desejos seus e dos outros de tal forma que a explicitação destes torna-se legítima e legitimada duplamente.

Quando nos detemos em pensar sobre a função do olhar, invariavelmente nos reportamos a conceitos psicanalíticos. "Para a Psicanálise, o olho, por onde a percepção se realiza, é considerado um dos órgãos mais importantes do corpo humano e adquire uma função proeminente na formação do ego" (Andrade, 2003, p. 76).

Olhamos não só os outros com os quais aprendemos, mas olhamos a nós mesmos através dos outros. Desde o estádio do espelho, Lacan (1949/1966) afirmou ser esse um momento específico para o desenvolvimento do sujeito. Ele é, em algum nível, bastante interligado ao conjunto das identificações e, consequentemente, a figuras-modelos de suporte a elas. Surge com isso a ideia do Outro, que se torna capaz de engendrar como devolutivo um lugar para o sujeito. "Um lugar de onde pode ser colocada a questão de sua existência, de seu desejo, de sua sexualidade, de sua procriação, de sua filiação, o destino que terá sido o seu" (Prado de Oliveira, 1988, p. 1).

É necessário mesmo se pensar que esse *Outro* não se constitui apenas pelas figuras familiares originais, mas por qualquer um que possa significar referência e modelo. Por isso esse *Outro* pode ser um *Outro* idioma, um *Outro* país, uma *Outra* prática social, sob a forma banal de uma outra sociedade transformada pela revolução.

Nesse sentido, entendemos que o desenvolvimento do cotidiano e do próprio processo de autoconhecimento, seja pela prática da Psicanálise, seja por meio de outras formas, traz uma possibilidade de *virada* para o sujeito, quando, possivelmente, apreende a dimensão do real, sendo um momento especial da vida; um momento em que o sujeito se depara com falhas estruturais em sua organização subjetiva, mas encontra a singularidade de sua história e de seu destino. Para Andrade (2003):

> [...] são ocasiões em que o sujeito sente-se irremediavelmente engajado em um caminho sem volta que o conduz a uma espécie de paixão de saber, ou paixão em fazer alguma coisa deste enigma particular que insiste nele, sendo provável neste reviramento que o sujeito invente ou crie alguma coisa (Andrade, 2003, p. 78).

Agregue-se mais um elemento trazido por Dejours (1992) no conceito de *inteligência astuciosa, que,* [segundo ele], *se situa no próprio sofrimento, cujo caráter é transgressor, porque cria novas normas particulares de engajamento e exercício de atividades.*

Ao nos depararmos com tais reflexões, acomete-nos uma sensação de termos encontrado as respostas plausíveis para o giro antropológico da nossa entrevistada e a sensação de termos encontrado os porquês e as possibilidades dessa trajetória e dessa liderança. Nessa direção, ratificamos que uma abordagem múltipla de questões sociais é que nos permite o encontro de respostas mais plausíveis sobre o sujeito, uma vez que determinismos psíquicos se engendram na estrutura do social.

Referências

ANDRADE, Regina. *Personalidade e cultura: construções do imaginário.* Rio de Janeiro: Revan/FAPERJ, 2003.

BAPTISTA, Cristiana. *Das tramas do corpo ferido: dor e sofrimento em narrativas de mulheres.* Tese (Doutorado em Psicologia), Instituto de Psicologia, Universidade Federal do Rio de Janeiro, Rio de Janeiro, 2006.

BOOK. Ana. Quem é o homem para a Psicologia. *Revista Interface*. Salvador, v. I, UFBA, 1997.

BOURDIEU, Pierre. *Razões da prática*. Petrópolis: Vozes, 1981.

CARRETEIRO, Teresa. História de vida; da genealogia a um estudo. *Revista da Faculdade de Psicologia da PUCRS*. Porto Alegre, v. 34, n. 2, 2003.

DE GAULEJAC, Vincent. Le récit de vie entre la Psychanalyse et la Sociologie Clinique. *Revue de l'orientation profissionnele*. Paris, n. 24, 1985.

DEJOURS, Cristophe. *A banalização da injustiça social*. Rio de Janeiro: Fundação Getúlio Vargas, 1998.

ENRIQUEZ, Eugene. *El análisis clinica em Ciências Sociales*. Publicación del Grupo de Sociologia Clinica. Montevidéu, 1988.

FERRAROTI, Franco. *Histoire et histoire de vie*. Paris: Librarie de Meridiens, 1986.

FOUCAULT, Michel. *Arqueologia do saber*. Petrópolis: Vozes, 1969.

GARFINKEL. Harold. *Studies in Ethenometodology*. Cambridge, 1967.

LACAN, Jacques. Le stade du miroir comme formateur de la fonction du Je (1949). *In*: *Écrits*. Paris: Seuil, 1966.

LÉVI-STRAUSS, Claude. *A antropologia estrutural*. Rio de Janeiro: Tempo Brasileiro, 1971.

PRADO DE OLIVEIRA, Luiz. Eduardo. *O conceito do Outro* (1988). Disponível em: <http://pradodeoliveria.com.br/outro.html>. Acesso em 2007.

RIVIÈRE, Pichon. *A teoria do vínculo*. Rio Grande do Sul: Martins Fontes, 1960.

SHUTZ, Alfred. *Bases da Fenomenologia*. Rio de Janeiro: Zahar Editores, 1983.

Notas

1 O objetivo desta concepção é poder compreender as relações entre os eixos psíquicos, familiares e sociais que afetam os sujeitos, analisando as formas de apropriação ou de incorporação dos mesmos ao longo de sua trajetória de vida. De Gaulejac tem produzido uma série de obras importantes para o campo da história de vida, trabalhando com temas que favorecem uma perspectiva multidisciplinar. Concebe o indivíduo como sendo, ao mesmo tempo, produto da história, das determinações sociais e psíquicas e agente de historicidade. E, para ele, só se pode apreender o sentido e a função de um fato social através da experiência vivida, por sua repercussão na consciência individual e, por fim, pela palavra que permite o acesso à própria experiência.

2 Na França, há uma grande equivalência com a Psicologia Social Crítica Brasileira.

Jornal *A voz do morro* – primeiro jornal popular das favelas brasileiras

Tereza Cristina Almada Eustáquio da Silva

Das singularidades e transformações observáveis na comunidade do morro da Mangueira deve-se destacar o jornal *A voz do morro*, a Vila Olímpica da Mangueira, o Centro Cultural Cartola e o pioneiro CAMP Mangueira. Entender como tudo isso interage com a Escola de Samba e a comunidade é que vai permitir a compreensão das metamorfoses que tornaram a comunidade da Mangueira algo tão especial, capaz de atrair visitas como a do ex-presidente dos Estados Unidos, Bill Clinton, e do cineasta espanhol Pedro Almodóvar.

Essas mudanças reafirmam a valorização de aspectos psicológicos (a autoestima, por exemplo) que interferem positivamente no dia-a-dia dessas pessoas. Nesse sentido, a comunicação interna e externa contribui para a circulação da informação e o reforço da sensação de pertencimento de grupo, com o uso dos variados instrumentos e tecnologias, desde o primeiro telefone no morro até a democratização do acesso à Internet.

Ao mesmo tempo que as tecnologias da mídia e do computador estão provocando profundas mudanças sociais, como diz Kellner (1995), elas também contêm potencial para democratizar, humanizar e transformar as desigualdades existentes no domínio de classe, raça e gênero. A ideia é que as novas tecnologias provocam alteração, de maneira geral, nos aspectos da sociedade e da cultura e, com isso, exigem uma compreensão e utilização para que seja possível seu entendimento e também para a transformação do mundo. Dessa forma, o autor objetiva a inserção de novas alfabetizações, que sejam capazes de fortalecer indivíduos e grupos considerados excluídos, podendo assim reconstruir a educação e capacitá-la frente aos desafios de nossa sociedade democrática e multicultural.

A comunicação comunitária busca atender os interesses dos que integram uma dada comunidade e considera os diversos contextos e valores culturais que são singulares na Mangueira, até porque é nas raízes culturais e em seus processos de permanente reelaboração que encontramos a afirmação da nossa própria identidade cultural.

É a cultura que dá identidade e sentido à vida de um povo, formando, simbólica e materialmente, as características que o diferenciam de outros povos, de outras gentes, de outras nações. A cultura está, portanto, intimamente ligada ao exercício da cidadania. Isso leva, necessariamente, ao reconhecimento da diversidade, ou seja: ao reconhecimento da existência do outro, do diferente. A atividade cultural permeia tudo: turismo, educação, economia e meio ambiente. É, portanto, importante agente para o desenvolvimento econômico e social de uma comunidade.

A comunidade proposta neste estudo está inserida no contexto social e econômico da metrópole do Rio de Janeiro, cidade que dispõe de uma poderosa mídia escrita e digital. As várias manifestações produzidas pela comunidade do Morro da Mangueira mostram que ela sente necessidade de se expressar, de manifestar a sua existência. Já existe lá um trabalho de comunicação comunitária associado aos projetos sociais e esse trabalho vem mudando a qualidade de vida das pessoas. Especialmente porque se percebe a grande diferença que há entre *comunicação comunitária* e comunicação *com a comunidade.*

A receptividade dessas manifestações na Mangueira tem sido grande, de modo que aulas, escolas e cursos profissionalizantes têm sido sinônimos de crescimento social. O desenvolvimento social organizou e politizou a comunidade, que descobriu o valor e a força que tem e a importância da divulgação desses valores.

A Psicologia Social em Comunidades, como se vê, surgiu justamente para assumir esse espaço existente entre a população carente de educação e a sociedade moderna, tão rica em suas exclusões sociais.

Consideremos que a mudança de comportamentos implique uma mudança de atitude frente a determinada realidade. Mesmo assim, devemos entender a intervenção Social do Psicólogo na Comunidade como fator determinante para a modificação de atitudes de um Imaginário Social vigente. Consequente e simultaneamente, há aí uma mudança comportamental.

Sabe-se que a interdisciplinaridade das Ciências Sociais é um dado fundamental para a compreensão e atuação social. Na nossa área, ela potencializa os vários instrumentos postos a favor da educação de comunidades carentes através de intervenções de cunho educativo implementadas não somente por psicólogos como também por profissionais com outras formações, mas com consciência do potencial modificador e estimulador do desenvolvimento do pensamento crítico e da formação básica do cidadão brasileiro.

De acordo com Sodré (1966), no livro *Reinventando a cultura*, em um país como o Brasil:

> A questão da cultura passa necessariamente pela construção de sentido próprio a uma formação social hesitante quanto à sua inserção em novas bases econômicas, tecnológicas e políticas no novo mundo industrializado. Isso implica uma "cultura educacional" e não uma cultura difusionista, entregue ao tratamento normalizado dos signos neutros em que se constituem as informações puras (Sodré, 1966, p. 97).
>
> Não é surpreendente, portanto, que o moderno sistema de comunicação brasileiro, que movimenta em média um por cento do Produto Interno Bruto, seja controlado em cerca de noventa por cento por nove famílias. Um oligopólio familiar, que vive do monopólio estatal das telecomunicações, institui-se como linha de montagem do imaginário social (Sodré, 1966, p. 161).

Não é exagero afirmar que a vocação da Mangueira para comunicar sua cultura e suas questões sociais se iniciou com o jornal *A voz do morro*, um jornal simples e com o objetivo de divulgar as manifestações culturais comunitárias, registrar o presente da comunidade e resgatar fatos e acontecimentos do morro – tabloide que começou com 4 páginas, mensal, com distribuição gratuita e tiragem de 5.000 (cinco mil) exemplares.

Jota Efegê contou que foi num almoço em homenagem ao Marrom (Luiz Correia de Barros), repórter carnavalesco, com Saturnino Gonçalves, Júlio Moreira, Cartola, Zé com Fome, Carlos Cachaça e mais alguns mangueirenses que surgiu a ideia de se publicar um jornal da Mangueira.

O nome *A voz do morro* vem de um samba famoso de Zé Kéti composto na década de trinta que diz assim:

Eu sou o samba
a voz do morro sou eu mesmo sim senhor
quero mostrar ao mundo que tenho valor
eu sou o rei do terreiro
eu sou o samba
sou natural daqui do Rio de Janeiro
sou eu quem levo a alegria
para milhões de corações brasileiros
salve o samba, queremos samba
quem está pedindo é a voz do povo de um país
salve o samba, queremos samba
essa melodia de um Brasil feliz.

(*A voz do morro* – Zé Kéti)

Em março de 1935 saiu o nº 1 do jornal *A voz do morro*, "órgão oficial da Escola de Samba Estação Primeira de Mangueira". Este foi o primeiro órgão de comunicação vinculado a uma comunidade do subúrbio do Rio de Janeiro que se conhece. Editado por Luiz Correia de Barros, o Marrom, o jornal foi uma iniciativa da gestão do primeiro presidente e um dos fundadores da escola, Saturnino Gonçalves, pai de Dona Neuma. Assim, o presidente da Mangueira Saturnino Gonçalves foi o criador do primeiro jornal popular das favelas brasileiras.

No jornal, além dos poetas da comunidade da Mangueira como Carlos Cachaça e Cartola, escreviam também os cronistas Francisco Guimarães, o popular Vagalume (*sic*), Orestes Barbosa, o ás dos cronistas carnavalescos, Jota Efegê, o escritor que adotou o pseudônimo K. Peta, o jornalista Tim Lopes e Carlos Drummond de Andrade.

Seu editorial define a publicação:

> A cidade na sua *férie* de luz, com a elegância dos que nela imperam, vai quedar extasiada quando o nosso jornalzinho lhe surgir aos olhos acostumados aos magazines de luxo e jornais gritantes e dominadores. Há de lhe causar dúvidas que estas páginas hajam descido os caminhos íngremes do morro de Mangueira ao lado dos sambas que ela canta entusiasta e folgazã na avenida repleta, glorificando o deus da galhofa. Mas a sua identidade se estabelecerá de pronto, pois que elas não lhe falarão dos sambas dedilhados em pianos caros, mas só e unicamente do samba pobre e espontâneo que ecoa no barracão como um hino fácil. E aqui está, trazida pela Estação Primeira, a escola campeã, a imprensa do morro. Não estará nos salões do mundanismo. Não será acolhida nos clubes onde o champanha espoca... Não veio de casaca, não envergou um *smoking*. Veio de camisa listrada e trouxe debaixo do braço um pandeiro... (*A voz do morro*, 1935).

Em seu primeiro número, *A voz do morro* faz ainda uma homenagem a Cartola (Angenor de Oliveira), cita Carlos Cachaça (Carlos Moreira de Castro) como "uma de nossas esperanças" e contém artigos dos cronistas carnavalescos K. Peta (*A origem do samba*) e Jota Efegê (*O que eu gosto*).

O jornal só chegou ao segundo número em 1986, mais de 50 anos depois, na gestão de Carlos Alberto Dória, editado por Arthur de Oliveira (Arthur Loureiro de Oliveira Filho), pesquisador, escritor, compositor, ex-professor de literatura no Colégio Pedro II, violonista e cavaquinhista.

Em 1986, *A voz do morro* publica um poema dedicado à Mangueira, feito por Carlos Drummond de Andrade, chamado "Mangueira desfila", que diz assim:

> A nação mangueirense, essa nação
> Altiva e pobre, toda musical,
> Que vem de muito longe, antes do samba,
> E no samba se fazem nacionais.

Este é Cartola, tímido e divino,
Dizendo adeus a amores já passados,
Saudando amores novos e florentes.
Vêm Maçu, Juvenal e Saturnino,
Nélson Sargento, Padeirinho, Cícero,
Carlos Cachaça, Zé com Fome, Boco
Pelado, Alfredo Português tão nosso,
Mestre Candinho, Hermes vereador!
Todos vão desfolhando a rosa verde,
Mais trescalante do que a manga-rosa.
(Ó mestre-sala, lírica invenção
de Estação Primeira entre as primeiras!)
Um grupo valoroso de mulheres
Passa, e refulge sua tradição:
Tia Tomásia, dama de Arengueiros,
Dona Neuma Gonçalves, Dona Zica
Moquequeira sublime, Dona Miúda
Rainha negra, das frutas e do forno,
Outras mais, outras mais... Doce desfile,
Alma do Carnaval aberta em flor!

Como dissemos, Saturnino tem a glória de ser o criador do primeiro jornal popular das favelas brasileiras, fato registrado por Marco Morel em seu livro *Jornalismo popular nas favelas cariocas* (1986). Depois desse primeiro número, o jornal entrou em recesso por 51 anos. A honra – da ressurreição –, desta vez, como já assinalamos, coube ao presidente Carlos Dória, em cuja gestão saíram os números 2, 3 e 4. Antes mesmo de ser empossado, Dória convidou a professora e pesquisadora Marília Barboza para ser a diretora do Depto. Cultural e começou, com ela, a planejar as realizações futuras na área da cultura. Foi Marília, então, quem me chamou para editar o jornal, junto com ela[1].

Depois de um novo hiato, o jornal só chegaria ao número 5 em fevereiro de 1996, na primeira gestão de Elmo José dos Santos, preservando suas características originais.

A orientação de Marília Barboza era de manter o mesmo *layout* e a mesma filosofia adotada pelos pioneiros Saturnino, Marrom e equipe.

O jornal aborda sempre assuntos da escola, do mundo do samba, da cidade. Além disso, inclui sempre uma parte de cultura geral. O número 1 publicava versos de Jota Efegê, exatamente como o número 9 transcreve um poema de Carlos Moreira de Castro, o Carlos Cachaça[2].

A professora Teresinha Labruna utiliza textos de *A voz do morro* como leitura para-didática no CIEP (Centro Integrado de Educação Pública) Nação Mangueirense. Com eles, a comunidade inteira-se da sua própria cultura, que se espalha através da música, do samba, dos poetas.

Hoje o jornal é editado pelo diretor cultural da Mangueira Fernando Antônio Guerra Peixe junto com a empresa Link Comunicação Integrada, que faz a coordenação editorial, e o jornal passou a ser trimestral, colorido, tem entre 15 e 20 páginas e tiragem de 5.000 mil exemplares com distribuição gratuita.

Referências

BOURDIEU, Pierre. *Razões práticas: sobre a teoria da ação*. Campinas: Papirus,1996.

————. *Sobre televisão*. Rio de Janeiro: Zahar, 1997.

FREUD, Sigmund. O mal-estar na civilização (1930). *Edição standard das obras psicológicas completas de Sigmund Freud*, v. XXI. Rio de Janeiro: Imago, 1996.

KELLNER, Douglas. Lendo imagens criticamente: em direção a uma pedagogia pós-moderna. *In*: TOMAZ, Tadeu da S. (Org.). *Alienígenas na sala de aula*. Petrópolis: Vozes, 1995.

KOCHIN, Sheldon J. *Modern clinical psychology, principles of intervention in the clinic and community*. Nova Iorque: Basic Books Inc., 1976.

KUNSCH, Margarida M. K. (Org.). *Obtendo resultados com relações públicas*. São Paulo: Pioneiras, 1997.

MCLUHAN, Marshall. *Understanding media: the extensions of man*. New York: Signet Books, 1964.

MOREL, Marco. *Jornalismo popular nas favelas cariocas*. Rio: Rio Arte, 1986.

MORIN, Edgar. A noção de sujeito. *In*: SCHNITMAN, Dora (Org.). *Novos paradigmas, cultura e subjetividade*. Porto Alegre: Artmed, 1996.

PERUZZO, C. M. K. Relações públicas com a comunidade: uma agenda para o século XXI. INTERCOM, Congresso Brasileiro. Rio de Janeiro, 1999.

REY, Fernando L. González. *Sujeito e subjetividade: uma aproximação histórico-cultural.* São Paulo: Thomson, 2003.

RODRIGUES, Aroldo. *Psicologia social.* Petrópolis: Vozes, 1998.

SODRÉ, Muniz. *Reinventando a cultura: a comunicação e seus produtos.* Petrópolis: Vozes, 1996.

————. Objeto da comunicação é a vinculação social: entrevista para a revista *PCLA*, 2001.

————. *Antropológica do espelho: uma teoria da comunicação linear e em rede.* Petrópolis: Vozes, 2002.

Notas

1 Entrevista em 11/02/2005.

2 *In A voz do morro* nº 9, de outubro de 1996, p. 4.

Causa Cartola: causa sociocultural

Edna de Assunção Melo Chernicharo

Existem certos homens que não contam com a admiração de seus contemporâneos, embora a grandeza deles repouse em atributos e realizações completamente estranhos aos objetivos e aos ideais das multidões
(Freud, 1930/1987, p. 81)

Cartola não existiu, foi um sonho que a gente teve.
(Nelson Sargento)

A *causa Cartola* se tornou o ponto pivô da investigação proposta no estudo: "Cartola-grafia da cultura, identidade e trabalho dos Gestores Culturais do Centro Cultural Cartola", estudo esse que se encontra abrigado no projeto de pesquisa Construções de Identidade Cultural e Autoestima com Jovens da Comunidade da Mangueira – sob coordenação da Professora Doutora Regina Andrade – desenvolvido no Centro Cultural Cartola – dirigido por Nilcemar Nogueira, neta de Cartola.

O Centro Cultural Cartola (CCC) é uma organização sem fins lucrativos fundada em 2001 a partir do desejo de preservação da vasta obra de Cartola. Tem como objetivo a promoção da cidadania por meio da educação e cultura, motivando os jovens do Morro da Mangueira e adjacências a identificar valores culturais da comunidade a que pertencem, através de oficinas de teatro, dança, música, poesia e eventos socioeducativos.

Desde 2003, o CCC ocupa uma área de sete mil metros quadrados em prédio desativado do IBGE cedido pelo Ministério da Cultura. Configura-se um campo no qual parece existir uma possibilidade palpável de resgate sociocultural para aqueles que ali se inserem assim como para os que estão à margem, ou mesmo ditos excluídos tanto da cultura quanto da sociedade como um todo, tendo em vista o Centro ser uma instituição que tem por missão:

> Promover a inserção do indivíduo na sociedade através da cultura, da preparação profissional e do resgate da dignidade, de forma a contribuir para a melhoria da qualidade de vida dos menos favorecidos e para a redução das desigualdades sociais, buscando sempre no exemplo de Cartola a referência para a construção da cidadania pela arte[1].

Foi em torno do legado de Cartola que, em 29 de novembro de 2007, o Instituto do Patrimônio Histórico e Artístico Nacional (IPHAN) registrou oficialmente as matrizes do samba do Rio de Janeiro – *samba de terreiro, partido-alto* e *samba-enredo* – no *Livro de Registro das Formas de Expressão*. O samba carioca é declarado "Patrimônio Imaterial do Brasil", o que significa dizer, de acordo com a definição da UNESCO, que as matrizes do samba carioca se constituem parte integrante do patrimônio cultural brasileiro.

O pedido de registro foi feito por Nilcemar Nogueira, Diretora de Projetos Especiais do Centro Cultural Cartola, neta do compositor Angenor Oliveira, o Cartola. Ela contou com apoio da Associação das Escolas de Samba do Rio de Janeiro e da Liga Independente das Escolas de Samba (LIESA). A ideia de fazer o registro surgiu porque Nilcemar temia o enfraquecimento das matrizes do samba do Rio: "Meu avô foi um dos pioneiros da popularização dessa forma de samba, no final da década de 20"[2].

É a partir da iniciativa de Cartola que o samba-enredo passa a ser signo de Escola de Samba por promover a união dos diversos blocos que se juntaram em torno do propósito comum de fortalecer a expressão cultural, o samba. Com o samba *Chega de demanda* (1928), de autoria de Cartola, é dado início a um percurso que não terá mais volta – tal qual um processo analítico: o samba carioca passa a ser reconhecido mundialmente como uma representação da brasilidade, passando a ser uma das faces da identidade nacional, tal é a grandeza dos efeitos da obra de Cartola para o Brasil.

> Chega de demanda, chega!
> Com esse time temos que ganhar
> Somos a Estação Primeira
> Salve o Morro da Mangueira.

A *causa Cartola* está para além do poeta Cartola: sua obra parece cumprir uma missão de criar e recriar cultura, do mesmo modo como o fez Noel Rosa para o próprio Cartola. A questão da causa parece trazer sob seu nome todos aqueles que se destinam a transmitir em suas obras o imanente da vida que deve ser passada adiante, como nos diz Cartola com Nuno Veloso em um dos versos escritos para homenagear aquele que sempre o homenageou, Noel Rosa, no samba *Cadeira vazia*:

> Eu quisera esquecer o passado
> Eu quisera mas sou obrigado
> A lembrar o grande Noel
> Ainda resta a cadeira vazia
> Da escola de filosofia
> No bairro de Vila Isabel
>
> Professores trilham seu caminho
> Dentre eles destaco Martinho
> Mas nem todos, nenhum, nem ninguém,
> A você se chegou,
> Eu também agora prossigo,
> Esse grande trabalho,
> Não sei se o baralho,
> Deu trunfos demais pra você,
> Nem cartas poucas para mim.

A *causa Cartola* parece trazer em sua *cartola* os princípios imanentes da propagação da cultura que se transmite para além daquele que a produz, pois "a arte é que resiste: ela resiste à morte, à servidão, à fome, à vergonha" como diz Deleuze (1990, p. 58). Entenda-se imanente nesse contexto como:

> [...] a característica do idealismo absoluto, para o qual nada existe fora do eu. Contudo, é evidente a analogia desse significado com o de Espinosa, para quem a ação de Deus é imanente porque não vai além de Deus. Nesse sentido, a imanência é a inclusão de toda realidade no eu [...] o conceito imanente como tudo que, fazendo parte da substância de uma coisa, não subsiste fora dessa coisa. [...] (Abbagnano, 2007, p. 623).

Nesse sentido, tanto o samba quanto seus compositores possuem características imanentes que só existem se referidas às ações de seus criadores. A música de Cartola pode ser considerada como o agalma[3] da *causa Cartola*, causa de desejo a sustentar algo de uma transmissão entre dois atos de fundação: da Escola de Samba e do Centro Cultural.

Cartola, nada ambicioso, sem o saber aposta na possibilidade da transformação do interesse individual em um interesse em comum. Vai enfrentar a mais complexa das dificuldades do homem – o convívio em comum –, nada mais do que a terceira fonte do mal-estar na cultura: "O sofrimento nos ameaça a partir de três direções: de nosso próprio corpo, [...]; do mundo externo [...]; e, finalmente, de nossos relacionamentos com os outros homens. O sofrimento que provém dessa última fonte talvez nos seja mais penoso do que qualquer outro" (Freud, 1930/1987, p. 95).

Como dito anteriormente, sem o saber que se sabe, Cartola iniciara um processo de reconhecimento do samba (gênero musical considerado expressão cultural dos excluídos no início do século passado) como Patrimônio Imaterial do Brasil. Hoje, em torno de sua obra, se constitui uma causa que mais uma vez parece trazer à tona o ato de fundação da Escola, pela qual o *convívio em comum* se inscreve nas diferentes causas singulares de cada um que trabalha em torno da *causa Cartola*, que já produz seus efeitos: afinal, esse espaço, que abriga diversas formas de expressão cultural, é oriundo, em última análise, do ato de fundação no samba *Tempos idos*.

Os tempos idos, nunca esquecidos, trazem saudades ao recordar
É com tristeza que relembro coisas remotas que não vêm mais
Uma escola na Praça Onze, testemunha ocular
E perto dela uma balança onde os malandros iam sambar
Depois aos poucos o nosso samba, sem sentirmos se aprimorou
Pelos salões da sociedade sem cerimônia ele entrou
Já não pertence mais à praça, já não é samba de terreiro
Vitorioso ele partiu para o estrangeiro

E muito bem representado por inspiração de geniais artistas
O nosso samba, humilde samba, foi de conquistas em conquistas

Conseguiu penetrar no municipal, depois de percorrer todo o universo
Com a mesma roupagem que saiu daqui
Exibiu-se pra Duquesa de Ken no Itamarati.

Pensar a *causa Cartola* faz descortinar a grande questão que se inscreve em torno de qual é a causa de Angenor. O que levou esse homem a fundar uma Escola? Tudo que seja dito a partir desse ato de fundação, da causa perdida, será eminentemente ficção. A *causa Cartola*, significante que se reveste de vários significados hoje, é falada por todos, desde os Diretores até os funcionários e docentes do CCC.

Com a conquista da declaração na qual o samba carioca é registrado como Patrimônio Imaterial do Brasil, o Centro Cultural Cartola resgata as matrizes do samba para fazer uso dele como signo de trabalho de resgate de excluídos na modernidade. O samba que era símbolo dos excluídos foi elevado a identidade nacional, mas paradoxalmente o mesmo samba reconhecido e reverenciado é novamente polo *aglutina-dor* de novas formas de exclusão social.

Assim, o trabalho proposto no CCC visa estabelecer uma causa que privilegia não só os jovens que frequentam seu espaço, como também cria um canal de agenciamento com as pessoas que fazem os projetos sociais se tornarem realidade em torno da preservação e promoção do legado de Cartola.

Em estudo realizado à época da fundação do Centro Cultural Cartola, Cerqueira (2006) propôs a análise antropológica do sentido que as palavras tomam em determinados ambientes, no caso as relações na comunidade da Mangueira e, consequentemente, no Centro Cultural Cartola. Seu trabalho foi muito útil como fonte de orientação primária por nos parecer ser o primeiro escrito que trata efetivamente do CCC e de sua relevância histórica. Por ser um registro do ato de fundação do CCC, a autora escreve: "Meu trabalho de campo consistiu em acompanhar durante 15 meses [...] parte do processo de criação do Centro Cultural Cartola" (Cerqueira, 2006, p. 11). Esse estudo e, consequentemente, a análise do sentido que as palavras e os discursos tomam em seu trabalho se deram através da escuta de um antropólogo.

No presente texto, o estudo realizado por Cerqueira (2006) foi lido e utilizado sob a luz da psicanálise, base conceitual para análise do campo investigado, o Centro Cultural Cartola, embora advertidos de que:

> [...] a psicanálise não pretende empreender a leitura do indivíduo, mas pensar o sujeito em sua inscrição no campo simbólico e em sua imersão no universo das intensidades. A psicanálise procura, enfim, pensar o sujeito singular em campo estritamente intersubjetivo, no qual ele é permeado pelos valores simbólicos que o transcendem e pelas forças pulsionais que o impactam (Birman, 2007, p. 295).

Ainda que a psicanálise seja nosso principal referencial teórico como apontado, apoiamo-nos também nos estudos sobre cultura que contemplam a visão proposta por Hall (2000), na qual o sujeito do Iluminismo, visto como indivíduo totalmente centrado, unificado e possuidor de uma identidade fixa e estável, foi deslocado, descentrado de si mesmo, resultando em um sujeito pós-moderno com identidades abertas, contraditórias e fragmentadas.

Dessa forma, o sujeito pós-moderno não conta mais com uma identidade idêntica a ele mesmo como no Iluminismo, nem tampouco conta com a concepção sociológica de identidade como interação entre o eu e a sociedade. Ele assume identidades que não são unificadas ao redor de um eu coerente; a identidade "torna-se uma concepção móvel" (Hall, 2000, p. 13).

Nesses termos, não se trata de uma comparação entre os campos do saber da psicanálise e os estudos culturais propostos pelas diferentes correntes antropológicas e sociológicas, antes se trata de diferentes modos de análise de um mesmo contexto; tais campos ora se aproximam e ora distam entre si nos aspectos conceituais e analíticos. Também não se trata de complementaridade, mas de singularidades que podem estabelecer uma interlocução.

Assim, concordamos com Cerqueira (2006) que:

> noções nativas deste ambiente, certas palavras que também aparecem no centro do debate da teoria antropológica [...] foge-se da avaliação de que termos como "cultura", "patrimônio cultural", "identidade", "sociedade" e "comunidade" estariam sendo esvaziados de sentido, uma vez ultrapassada a fronteira da disciplina acadêmica (Cerqueira, 2006, p. 15).

De forma semelhante a Cerqueira (2006), entendemos em psicanálise que a clínica não é o lugar onde confirmamos a teoria, pois esta cumpre a mesma função que a rede para o equilibrista (Volnovich *apud* Fernández, 2001). Tanto nos estudos culturais quanto em outros campos de saber que tomam como objeto o homem e suas relações intersubjetivas, dever-se-á partir da observação sobre esse mesmo homem e suas relações para depois teorizar-se a respeito. E, quando de retorno ao campo de trabalho, dever-se-á sempre utilizar a teoria apenas como referencial e nunca tentar encapsular suas observações dentro dos conceitos já estabelecidos, fora do contexto do acontecimento. Dito de outro modo:

> O saber é intersubjetivo, o que não quer dizer que seja o saber de todos, nem que seja o saber do Outro, com A maiúsculo. [...] o Outro não é um sujeito, é um lugar no qual nos esforçamos, diz Aristóteles, por transferir o saber do sujeito. [...] O Outro é o depositário dos representantes representativos dessa suposição de saber, e é isso que chamamos de inconsciente, na medida em que o sujeito perdeu-se, ele mesmo, nessa suposição de saber (Lacan, 1961-1962/2003, p. 24).

O presente trabalho é uma leitura do sentido que as palavras citadas por Cerqueira (2006) tomam no campo social, mas grafando essas mesmas palavras a partir de outra concepção, tal qual a paraláxica tratada na obra de Zizek (2008) como a medida da mudança de posição aparente de um objeto em relação a um segundo plano mais distante. É o mesmo que dizer que, quando um objeto é visto a partir de ângulos diferentes, esse fenômeno óptico, relativamente simples, tornou-se método e guia do pensamento nesse artigo, como Zizek (2008) escreve:

> A paralaxe não é simétrica, composta de dois pontos de vista incompatíveis do mesmo X: há uma assimetria irredutível entre os dois pontos de vista, temos um ponto de vista e o que foge a ele, e o outro ponto de vista preenche o vazio do que não podemos ver do primeiro ponto de vista (Zizek, 2008, p. 47).

Com isso, entende-se que não há simetria e nem superposição entre uma compreensão e outra. A escuta de um psicanalista no campo social pode se beneficiar com outro campo de saber, benefício que o faz avançar em seu próprio campo de pesquisa.

A utilização do recurso paraláxico aqui se pauta na mesma utilização feita por Lacan para mostrar como se dá o intrincamento entre as instâncias do imaginário e real na constituição do eu. Lacan (1953-1954/1979, p. 95) lança mão do apólogo do *experimento do vaso invertido* e escreve: "Quanto mais longe estiverem, mais a paralaxe agirá, e mais a ilusão será completa" no sentido de ajuste de visão de um mesmo fenômeno no qual a ilusão é, ao contrário, o refinamento do experimento.

Então, olhares díspares referidos a um mesmo fenômeno: discursos dos trabalhadores / gestores, jovens e até mesmo dos pesquisadores que passam pelo CCC parecem contribuir não para dizer sobre o enquadre correto de uma verdade, as palavras e conceitos, mas para favorecer uma construção coletiva de saberes que conte e reconte o jeito próprio singular de fazer dessas pessoas, que constituem em metáfora o vaso e as flores do CCC.

Essa observação, como todos os comentários deste texto, tem por finalidade sempre produzir aproximações entre o fazer comunitário e o que isso gera de bens para as pessoas, no caso os jovens inseridos nos projetos socioculturais do CCC.

Em Cerqueira (2006), Cartola é nome próprio tratado como:

> dispositivo Cartola. Cartola é a bandeira da Escola de Samba da Mangueira; personagem da Zona Norte (como São Jorge); patrimônio nacional; patrimônio cultural / tias e vovós; ancestral negro; avô; comunidade do passado; História; marca/logotipo; personagem perdedor / revolucionário. [...] Entre os componentes heterogêneos que compõem o "objeto" Cartola, está sua música, que ora aparece na boca de Nilcemar, por ocasião de uma lembrança de infância, ora integra-se às máquinas da indústria cultural e os modos de produção de subjetividade que ela coloca em cena (Cerqueira, 2006, p. 16).

A cartografia descrita por Guattari, na qual se balizou para construção do *dispositivo Cartola* a dissertação de Cerqueira (2006), servirá para realizarmos uma aproximação com uma questão que neste texto é central: *causa Cartola*. Essa nomeação construída em nosso trabalho serve para os diversos encobrimentos significantes que uma causa sociocultural adquire ao ser pronunciada por todos que estão envolvidos, direta ou indiretamente, no trabalho realizado no Centro Cultural Cartola.

Sabe-se que a noção de causa é definida por diferentes posições e perspectivas de interesse, tornando-se ao longo dos séculos objeto de estudo da filosofia. Desde as quatro causas de Aristóteles até a "divisão e literal separação introduzida por Kant no período crítico entre causalidade ontológica e causalidade cientifica referido exclusivamente ao registro do conhecimento" (Moura, 2006, p. 117), constitui, ainda hoje, uma questão polêmica:

> mostra que não seria um ato gratuito para os psicanalistas reabrir o debate sobre a causa, fantasma impossível de se exorcizar do pensamento, crítico, ou não. Pois a causa não é, como também se diz do ser, engodo das formas de discurso – [...] Ela perpetua a razão que subordina o sujeito ao efeito do significante (Lacan, 1964/1988, p. 853).

Assim, entende-se que causa em psicanálise é uma causa não inscrita; o conceito de causalidade implica a noção de um elo perdido, de uma descontinuidade. O termo *causa* utilizado aqui significa a construção de um discurso e não um saber sobre a causa como inicialmente entendida por Freud nos primórdios da psicanálise. Freud, desde o início de seus trabalhos,

> tinha o objetivo de inscrever a psicanálise no registro da ciência. [...] Fazer ciência significava buscar a causa dos fenômenos. Ciência era apenas a natural, [...] Freud pensava situar o seu trabalho neste registro. [...] A noção cientifica é matematizada [...] permite o surgimento do conceito moderno de causa em detrimento de seu sentido aristotélico. [...] A causa só terá sentido em psicanálise [...] quando Freud escreve a Interpretação dos sonhos, ele já sabe que o que interessa é aquilo que se refere à causa de desejo (Calazans & Santos, 2007, p. 71).

A partir da compreensão de que a causa é a causa de desejo, cabe esclarecer que em nosso trabalho estabelecemos uma analogia entre a causa analítica, inaugurada por Freud e sustentada por Lacan, e a *causa Cartola*, nomeação da causa sociocultural fundada no legado de Cartola e sustentada pelo trabalho dos gestores culturais que integram o CCC:

> o crucial é garantir distinção elementar [...] o objeto de desejo é simplesmente o objeto desejado [...] o objeto causa do desejo é aquilo que me faz desejar. Em geral, nem sequer nos damos conta de qual é o objeto causa de desejo – é necessária a psicanálise para descobrir, por exemplo, o que me faz desejar uma determinada mulher. Isso está nos moldes do que Freud já chamava de traço unário (*der einzige*, *Le trait unaire*), sobre o qual Lacan desenvolveu posteriormente toda uma teoria, ou seja, um traço que desencadeia meu desejo pelo outro (Zizek, 2005, p. 140).

A denominação *causa Cartola* é utilizada de maneira recorrente entre as pessoas que integram o CCC sempre que se referem ao que está na genealogia de seus interesses pessoais em estarem nele. Isso permitiu realizar a analogia com os deslizamentos metonímicos da causa quando esta é nomeada com diferentes significantes, tais como: causa sociocultural, causa cultura, causa Nilcemar e muitas outras.

Cartola cria uma causa que se perpetua para além dele, funda uma Escola para a sustentação do samba que se transforma metonimicamente em ações socioculturais, se assemelhando, nesse ponto, à origem da causa da psicanálise, na qual Freud funda a Escola de Psicanálise (IPA) para sustentar a causa analítica. Dito de outro modo, que "o Outro seja para o sujeito o lugar de sua causa significante só faz explicar, aqui, a razão por que nenhum sujeito pode ser causa de si mesmo" (Lacan, 1960/1988, p. 855).

Cartola também não é causa, seu legado construído a partir da fundação da Escola de Samba se tornou causa. Do mesmo modo Freud, o fundador da psicanálise, não é causa. Os efeitos de seu ato fundante é que se tornaram uma causa, cuja sustentação depende do trabalho da comunidade analítica nas diferentes escolas de psicanálise.

As causas de desejo de Freud e de Cartola estarão para sempre perdidas assim como a causa da criação do universo – são elos perdidos da causa fundante, tanto para eles quanto para a humanidade. O que temos são as reverberações dos atos fundantes, efeitos da causa. Do mesmo modo que não temos acesso à causa fundante do universo também não temos acesso à causalidade do ato de Freud e de Cartola; todavia, o que podemos acessar são os efeitos consequentes desses atos: a psicanálise e o CCC. Dito de outro modo, a nomeação significante *causa Cartola* está relacionada à causa sociocultural sustentada pelos gestores culturais do CCC.

Com a perspectiva de causa como causa de desejo, como entendida pela psicanálise, é que a *causa Cartola* se tornou denominação utilizada no trabalho desenvolvido como a causa de desejo para Cartola, que é inapreensível e ao mesmo tempo é nosso objeto pequeno *a*; e nos serviu para tratar, de maneira análoga, todos os revestimentos significantes que uma causa pode assumir simbolicamente no discurso dos gestores culturais e dos demais que se apropriam dela para externar os indícios de seus desejos individuais, encarnados e nomeados de *causa Cartola* como causa sociocultural.

É com a compreensão da importância de iniciativas como a do Centro Cultural Cartola que destacamos a importância da *causa Cartola* como uma causa sociocultural cuja função é dar alguma visibilidade às populações menos favorecidas economicamente; contudo suprindo um papel que seria de responsabilidade do estado e suas instituições frágeis e precárias, que não favorecem visibilidade social para essas populações.

Verifica-se, desse modo, que é em torno do nome de Cartola e sua obra poético-musical que o sonho expresso nas intenções descritas pela missão do CCC vem sendo constituído em realidade, favorecendo, sobretudo, a abertura de um campo de possibilidades para aqueles que se identificam com a *causa Cartola* e que buscam ali outras saídas para suas vidas.

Finalizamos este artigo com a letra *A cor da esperança*[4] que pode nos auxiliar a refletir a respeito da esperança que está sendo semeada por aqueles que fazem da *causa Cartola* uma realidade social possível.

> Amanhã,
> A tristeza vai transformar-se em alegria,
> E o sol vai brilhar no céu de um novo dia,
> Vamos sair pelas ruas, pelas ruas da cidade,
>
> Peito aberto,
> Cara ao sol da felicidade.
> E no canto de amor assim,
> Sempre vão surgir em mim, novas fantasias,
> Sinto vibrando no ar,
> E sei que não é vã, a cor da esperança,
> A esperança do amanhã.

Referências

ABBAGNANO, Nicola. *Dicionário de filosofia.* São Paulo: Martins Fontes, 2007.

BIRMAN, Joel. *Mal-estar na atualidade: a psicanálise e as novas formas de subjetivação.* Rio de Janeiro: Civilização Brasileira, 2007.

CALAZANS, Roberto & SANTOS, Jorge L. G. A pré-história da noção de causa em Freud. *Paidéia* (Ribeirão Preto). 2007. Disponível em <www.scielo.br/paideia>. Acesso em: 18/11/2008.

CERQUEIRA, Ana Carneiro. *Que é feito de você: mercadoria, valor e alma em um centro cultural na Mangueira.* Dissertação (Mestrado em Antropologia Social) – Museu Nacional, Universidade Federal do Rio de Janeiro, Rio de Janeiro, 2006.

DELEUZE, G. *Conversações*. Rio de Janeiro: Editora 34, 1990.

FERNÁNDEZ, Alícia. *O saber em jogo*. Porto Alegre: Artmed, 2001.

FREUD, Sigmund. O estranho (1918). *Edição standard das obras psicológicas completas de Sigmund Freud*, v. XVII, 19ª edição. Rio de Janeiro: Imago, 1987.

———. O mal-estar na civilização (1930). *Edição standard das obras psicológicas completas de Sigmund Freud*, v. XXI, 19ª edição. Rio de Janeiro: Imago, 1987.

GUATTARI, Felix e ROLNIK, Suely. *Cartografia do desejo*. Petrópolis, Rio de Janeiro: Editora Vozes, 1986.

HALL, Stuart. *A identidade cultural na pós-modernidade*. Rio de Janeiro: DP&A, 2000.

KAUFMANN, Pierre. *Dicionário enciclopédico de psicanálise. O legado de Freud e Lacan*. Tradução de Vera Ribeiro e Ma. Luiza X. de A. Borges. Supervisão de Antonio Marcos Coutinho Jorge. Rio de Janeiro: Jorge Zahar, 1996.

LACAN, Jacques. *O seminário, livro 1: os escritos técnicos de Freud* (1953-1954). Rio de Janeiro: Jorge Zahar, 1979.

———. Subversão do sujeito e dialética do desejo no inconsciente freudiano (1960). *In*: *Escritos*. Rio de Janeiro: Zahar, 1998.

———. *O seminário, livro 9: a identificação* (1961-1962). Publicação interna do Centro de Estudos do Recife. Recife, outubro 2003.

———. Posição do inconsciente (1964). *In*: *Escritos*. Rio de Janeiro: Zahar, 1998.

MOURA, Fernanda Costa. *Revista do Departamento de Psicologia* – UFF, v. 18, n. 1, p. 117-130, jan./jun. 2006.

ZIZEK, Slavoj & DALY, Glyan. *Arriscar o impossível: conversas com Zizek*. São Paulo: Editora Martins, 2006.

ZIZEK, SLAVOJ. *A visão em paralaxe*. São Paulo: Editora Boitempo, 2008.

Filmes, entrevistas catalogadas e entrevistas televisionadas

DEPOIMENTO CARTOLA – Projeto Fita meus Olhos. Rio de Janeiro: UERJ, Departamento Cultural: Fundação Museu da Imagem e do Som, 1998. Série depoimentos.

DEPOIMENTO DE DONA ZICA. Programa MPB Especial. Direção: Fernando Faro. TV Cultura, 1973.

CARTOLA (documentário). *Direção:* Lírio Ferreira e Hilton Lacerda. *Produção:*

Clélia Bessa e Hilton Kauffmann. *Roteiro:* Lírio Ferreira e Hilton Lacerda. *Estúdio:* Raccord Produções / Globo Filmes, 2006. *Distribuição:* Riofilmes. Fotografia: Aloysio Raolino. *Direção de Arte:* Cláudio do Amaral Peixoto. *Figurino:* Rô Nascimento. Edição: Mair Tavares.

Letras de música

As rosas não falam. Cartola.
Chega de demanda. Cartola.
Ensaboa. Cartola.
Nós dois. Cartola.
Sou doutor. Cartola
Tempos idos. Cartola e Carlos Cachaça.
Tive sim. Cartola.
Opinião. Zé Kéti.

Sites

<http://www.adorocinema.com/filmes/cartola/cartola.asp.24/02/29>. Acesso em: 20/02/2009 .

<http://www.cartola.org.br/>. Acesso em: 18/11/2008.

Entrevista com Cartola. Disponivel em <http://www.vermutecomamendoim.com/2008/09/entrevista-com-cartola.html>. Acesso em: 20/02/2009.

Definição de marca. Disponível em <http:/pt.wikipedia.org/wiki/Marca>. Acesso em: 04/02/2009.

IPHAN. <http://portal.iphan.gov.br/portal/montarDetalheConteudo.do?id=13743&sigla=Institucional&retorno=detalheInstitucional>. Acesso em: 22/02/09.

Dossiê das Matrizes do Samba no Rio de Janeiro. Disponível em <http://portal.iphan.gov.br/portal/baixaFcdAnexo.do?>. Acesso em: 2009.

Projeto grios. Disponível em <http://www.cultura.gov.br/programas_e_acoes/cultura_viva/programa_cultura_viva/grios/>.

Regulamentação, transparência e gestão das ONGs. Disponível em <http://www.ethos.org.br/_Uniethos/gtethosiso26000/Adiante_ISO26000.pdf>. Acesso em 24/04/09.

Notas

1 Missão do Centro Cultural Cartola, disponível no site <www.cartola.org.br>, acessado em 09/09/2007.

2 Texto Matrizes do Samba: <http://portal.iphan.gov.br/portal/montarDetalheConteudo.do?id=13743&sigla=Institucional&retorno=detalheInstitucional>, acessado em 22/02/09.

3 Agalma: este termo grego – que pode ser traduzido por ornamento, tesouro, objeto de oferenda aos deuses, ou, de modo mais abstrato, valor – representa o ponto pivô da conceituação lacaniana do objeto causa de desejo, "o objeto a" (Kaufmann, 1996, p. 15).

4 Composição: Cartola /Roberto Nascimento.

Composições do viver: ética e estética na experiência de intervenção na Mangueira

Martha Bento Lima

O trabalho de pesquisa de campo no Centro Cultural Cartola com as crianças da Comunidade da Mangueira iniciou com o seguinte questionamento: de que modo um projeto de intervenção psicossocial, enquanto um conjunto de práticas que se inscrevem na dimensão da estética, pode se constituir em estímulo à criação, potencializando singularizações e novos modos de subjetividade? Isso me fez refletir sobre o novo Paradigma *ético-estético-político*, proposto por Guattari (1992), como um paradigma afinado com a proposta do projeto dentro da hipótese do tema de pesquisa. Se intervir é provocar desestabilizações e desarrumar a lógica instituída, então a abertura ao caos e à invenção pode dar espaço à movimentação dos corpos e flexibilizar as linhas que se tornaram demasiadamente duras e burocratizadas no espaço social escolarizado.

Antes de iniciar propriamente a oficina de criatividade musical, os primeiros encontros se deram no âmbito da observação do Centro Cultural Cartola e do grupo a ser trabalhado. Observei os alunos de violino em sala de aula, em pleno exercício de aprendizagem desse instrumento. O violino é um instrumento considerado, dentre todos os outros, como o mais nobre em uma orquestra. Seu aprendizado requer um corpo disciplinado, uma postura física ereta, elegante, nobre, altiva e imponente. A sustentação dessa postura é fundamental para a execução desse instrumento, e algumas crianças (ainda muito pequenas) precisam treinar essa postura ao segurar o violino.

A atmosfera em sala de aula também se revela disciplinada, a professora observa constantemente o comportamento dos alunos e diz: *Não pode falar! Não pode se levantar*! Nesse contexto o aprendizado do violino em sala de aula se relaciona a um sentido de ordem, de cumprimento da lei. Segundo Ulpiano (*apud* Rocha, 2001, p. 43), a sala de aula constitui-se repetidamente em um ambiente de produção de obediência muito mais que em um espaço/tempo para criação. A professora relata que quando começou a dar as aulas de violino foi muito difícil manter a disciplina em sala de aula, mas, aos poucos, os alunos mais rebeldes foram saindo da turma, ficando mais fácil trabalhar com os outros.

Figueiredo[1] (1996) ressalta a existência de uma *ética disciplinar* que surgiu nos séculos XIX e XX, juntamente com os acontecimentos econômicos e políticos da época, quando a ética liberal, cada vez mais precária em assegurar igualdade e proteção aos indivíduos, seja no espaço público ou privado, impôs maneiras de ordenação da vida pública mais restritivas e autoritárias. A ética disciplinar ressalta, por exemplo, "o controle", "as noções de unidade", "ordem racional", "economia", "eficiência", "obediência" e etc. Está alocada na dimensão jurídica da moral, na ordem da representação.

Segundo Veiga-Neto (2005), sob essa lógica o discurso pedagógico pretende formatar uma escola equalizadora para todos a favor de uma igualdade geral e de um mundo homogêneo. A questão é como trabalhar um discurso de inclusão das diferenças em uma sociedade que por genealogia, no sentido nietzschiano dessa palavra, é, ela mesma, excludente.

Quando iniciei a oficina de criatividade musical, mesmo sabendo que o trabalho a ser desenvolvido com esses alunos seria outro, diferente do que realizei com os alunos especiais em Petrópolis[2], estava na expectativa do que poderia acontecer, do que poderia surgir com as linhas de fuga[3] nesses primeiros encontros. Não se tratava de organizar um trabalho bem planejado, que me garantisse os resultados de certa ordem e disciplina em sala de aula, mas sim de permitir que algo da esfera do inusitado, do imprevisível viesse ao meu encontro.

Sem nenhuma bússola à mão para orientar o caminho, o "como fazer" previamente dado ou organizado, tinha, no entanto, a ideia de um *Diagrama*[4] para a intervenção. Conforme Deleuze (2007), o pintor Francis Bacon define que um diagrama no ato de pintar é como fazer marcas ao acaso; essas marcas acenam possibilidades, mas não representam os fatos em si mesmos. Com a ideia de um diagrama para a intervenção, iniciei o trabalho atenta às linhas de fuga e aos acidentes que poderiam surgir inesperadamente.

No primeiro dia do encontro os alunos estavam animados e inquietos. Para estimular a capacidade criativa, os primeiros jogos lúdicos convidavam os alunos a se movimentarem pela sala, ao burburinho das muitas vozes, à turbulência dos corpos e à expressão de múltiplos encontros. O que me chamou atenção foi a necessidade de os alunos falarem entre si, foi uma algazarra geral, o próprio caos; os jogos lúdicos provocaram uma intensa movimentação que me fez perguntar-me sobre as possibilidades de realizar o trabalho, movimentação essa que não só desestabilizou o grupo, mas que principalmente me afetou, gerando dúvidas e inquietações, inaugurando no diagrama da intervenção as primeiras linhas inquietantes de fuga.

Guattari (1992) propõe uma subjetividade plural, polifônica, que se singulariza em novas modalidades de produção: assim como o artista plástico investe em novas cores, criando novos matizes e formas em suas obras, o músico também encarna novas vozes melódicas contrapondo-se ao tema principal da melodia. Em um primeiro momento de intervenção, trata-se então de acolher o caos, o confronto das diferenças, as forças invisíveis e o desassossego, as muitas vozes que necessitam se expressar, os corpos que reclamam a liberdade do movimento. "O diagrama é um caos, uma catástrofe, mas é também um germe de ordem ou de ritmo" (Deleuze, 2007, p. 104). Esse foi o primeiro encontro *acontecimento*[5], dando passagem à vida que deseja ser reconhecida, ao caos na gestação de outros ritmos, tensões e melodias.

O espaço em que iniciei a oficina é composto de duas pequenas salas que estão interligadas. A primeira é composta por carteiras e uma estante repleta de livros, se apresenta de uma forma mais tradicional, um espaço classicamente organizado. A segunda sala não possui carteiras, se apresenta de uma maneira informal, com esteiras, almofadas no chão e um pequeno quadro negro com enfeites carnavalescos em ambos os lados.

Nos primeiros encontros os espaços foram alternados, uma semana a oficina ocorria na sala com as carteiras e na outra se dava na sala mais informal. As crianças sentiam-se mais à vontade na segunda sala, e gradativamente fomos transportando as carteiras da sala ao lado para esse espaço mais lúdico e de aparência mais agradável. Essa fase de transição e criação de um espaço aconteceu juntamente com uma fase de reconhecimento e entrosamento das crianças no grupo.

Durante os jogos lúdicos ainda havia muita conversação, falas atropelando falas na dificuldade de ouvir o colega e de se fazer ouvir pelos demais. Havia momentos em que eu pontuava limites, porém procurava deixar que as próprias crianças fossem experimentando possibilidades de estabelecer limites umas com as outras. Trabalhando com a ideia de um diagrama, procurava dar espaço para o grupo construir as primeiras linhas, ou desmanchá-las para depois reconstruí-las de uma maneira singular. Tarefa nada fácil, pois esse lugar receptivo do pesquisador faz com que ele abdique de um caminho supostamente já organizado, se tornando muito mais vulnerável e afetado pelas situações.

A abertura para a dimensão da alteridade, essa possibilidade de deixar-se afetar pela experiência, aconteceu entre muitas intrigas, gozações, comentários, disputas, briguinhas e também empatias, afinidades, considerações, compondo territórios tensionados, no jogo do convívio, nas *tramas e nos dramas* das situações, dos encontros. De acordo com Rolnik (1995a), uma mudança na concepção de alteridade aponta para uma abertura na dimensão invisível de caos, uma mudança no estatuto da consciência que deixa de ser totalizadora e que se deixa desestabilizar pelas diferenças[6]:

> Estar-se-ia operando um processo de mudança no modo de subjetivação que predominou na modernidade, marcado por uma hegemonia por vezes tirânica de um certo vetor que proponho chamar de "homem da moral": nossa subjetividade estaria deixando de se limitar ao vetor homem da moral para ativar um outro vetor, que proponho chamar de "homem da ética" (Rolnik, 1995b, p. 154).

Nessa nova abordagem, Rolnik (1995a) ressalta que o homem da moral é aquele vetor de nossa subjetividade que transita no visível e que se relaciona com os códigos, as normas e as leis da nossa sociedade. Já o homem da ética suscita uma subjetividade capaz de transitar no invisível, capaz de escutar as inquietações produzidas nas diferenças que engendram nosso inconsciente. Capaz de escutar nas diferenças suas inquietantes reverberações, trazendo a possibilidade de encarná-las em novos modos de existência, em novas composições do viver. "É o homem do inconsciente: operador da produção de nossa existência como obra de arte" (Rolnik, 1995a, p. 155), guiando nossas escolhas no que favorece ou não favorece a vida, tendo como critério fundamental a afirmação da potência criadora da vida.

Os primeiros momentos de reconhecimento e vinculação do grupo ocorreram na perspectiva de ativar essa subjetividade ética e sua potência, de permitir a criação de um território construído em conjunto, pautado na liberdade de expressão de si mesmo, de escuta às diferenças e expressão dos afetos emergentes na vivência do agora. Criação de um território ético-estético em que as crianças pudessem se sentir em casa, quem sabe uma segunda morada.

Figueiredo (1996) observa que no plano etimológico a palavra *ethos* – o objeto da ética tomada como reflexão – se refere tanto aos costumes e hábitos como à morada. Hábitos e habitações compartilham a mesma raiz. É aí que podemos pensar no *ethos* como uma casa, uma instalação, vendo nele os valores, os hábitos, as posturas, algo equivalente à moradia em que podemos nos sentir à vontade. Criação de um território em que nos sintamos libertos para nos deixar revelar, espaço de jogo e criação. Progressivamente, esse território foi sendo construído passo a passo, como se cria uma composição musical, mas em cada passo um amontoado de vozes e linhas tecendo redes, tecendo histórias, tecendo os ritmos, as dissonâncias e harmonias nas relações.

> Compor é como fazer uma casa. É desenhar um lugar. Os elementos para essa operação, cada um os toma de um canto. E aqui as harmonias, as séries, as pequenas reiterações, as sonoridades reverberantes, os pequenos jogos de ressonância são aquele material que utilizamos para desenhar este lugar (Ferraz, 2005, p. 35).

Para trabalhar com a criatividade musical é fundamental estabelecer um território, espaço de experimentação, facultando a desterritorialização, a partir das diferenças tonais e melódicas no jogo da criação. Para facilitar a emergência desse espaço, dentre os jogos lúdicos vivenciados, tais como a expressão corporal e a contação de histórias, a pintura em aquarela revelou-se uma atividade que, de certa forma, materializou uma potência criadora, dando forma às forças invisíveis captadas nas tramas do encontro. A pintura foi um instrumento que permitiu a consolidação de um território e, ao mesmo tempo, proporcionou na subjetividade uma abertura para a exploração de ideias sonoras, *a posteriori*, no grupo.

Segundo Deleuze (2007), tanto na pintura quanto na música não se trata de reproduzir ou inventar formas, mas de *captar forças*, ou seja, tornar visíveis forças que não são visíveis.

> É por isso que nenhuma arte é figurativa. A célebre fórmula de Klee, "não apresentar o visível, mas tornar visível", não significa outra coisa. A tarefa da pintura é definida como a tentativa de tornar visíveis forças que não são visíveis. Da mesma forma a música se esforça para tornar sonoras forças que não são sonoras (Deleuze, 2007, p. 62).

Deleuze (2007) ressalta que a força tem uma relação direta com a sensação, pois é necessário que uma força se exerça sobre um corpo para que haja sensação. A força é a condição da sensação, mas não é ela exatamente que é sentida, pois a sensação leva a coisas bem diversas, a partir das forças que a condicionam.

Oficina de Criatividade – CCC

É assim que a música é capaz de tornar sonoras forças que são invisíveis, e a pintura, visíveis forças invisíveis. Algumas vezes essas forças são as mesmas, como, por exemplo: pintar ou fazer ouvir o tempo; outras vezes, a força insensível de uma arte parece antes pertencer aos elementos de outra arte, como pintar o som e até mesmo o grito e, ao contrário, fazer ouvir as cores.

Nos primeiros desenhos e pinturas do grupo, imagens como casa, árvore e sol foram recorrentes na expressão criativa, porém, é claro, cada uma dessas imagens se apresentava de uma maneira singular, combinando outros elementos da história de cada um. A pintura foi tornando visíveis as forças suscitadas nos encontros, a energia exacerbada do movimento dos corpos, a produção das vozes tumultuadas, tensionadas nas diferenças, dando espaço gradativamente para a criação de um território permeável à escuta e ao reconhecimento do outro, essa dimensão ética da alteridade.

Oficina de Criatividade – CCC

No decorrer dos encontros, os desenhos foram se tornando mais difusos, sem uma representação figurativa da imagem. As crianças começaram a experimentar, espontaneamente, as misturas das cores, as nuances e formas diferentes de usar o pincel, de dar um efeito de cor, de acentuação ou esmaecimento das cores, e os desenhos tornaram-se abstratos, com a emergência de uma criatividade própria. É como se houvesse a necessidade de criação de um território para depois desterritorializar-se.

De acordo com Guattari (1992, p. 122): "na arte, a finitude do material sensível torna-se a base de uma produção de afetos e perceptos que tenderá, cada vez mais e mais, a descentralizar-se em relação a figuras e coordenadas pré-formadas". É assim que a arte é capaz de acenar, dentro de um mesmo território, novos territórios, descentralizando pontos de referência e criando outros, constituídos no movimento processual da criatividade. Com a pintura abstrata surgiram novos territórios estéticos, os primeiros poemas que, por sua vez, ajudaram a *desenhar* uma música com a participação criativa de cada um.

Durante a oficina uma ideia poética foi lançada para compor a música, *a vida é...*, uma criança então complementou, *boa de viver...*, uma outra disse a seguir, *quando se vive com você*. A partir dessas ideias foram chegando outras, com a participação de cada criança integrante do grupo. O exercício prazeroso e lúdico da troca de ideias permitia também que cada ideia manifestada fosse discutida democraticamente, em um exercício também de escuta do outro – e de responsabilidade. Nesse jogo lúdico foram criados os primeiros versos da música, que já desenhavam certo ritmo melódico, extraído pelas crianças da própria cadência das palavras:

A vida é boa de viver
Quando se vive com você

A vontade de viver
Quando se vive com você

Só porque amo você
Eu faço tudo por você

Se eu estivesse com você
Daria tudo por você

Ê ...h ê ê ê... ê... aaa... ê ... h ê ê ê... ê... aaa...

Nesses primeiros versos a melodia segue o ritmo da fala e das entonações, a música se apresenta desenhando um lugar, desenhando uma linha melódica que se repete, um centro tonal em que a melodia gira e se estabelece. Depois surgiu outro verso, que foi se modificando processualmente a cada encontro, até consolidar-se da seguinte forma:

Quando sentimos um grande sentimento
Amor dos pais é verdadeiro, amor de amigo
É como de irmão, todos cabem num só coração.

A Vida é boa de viver quando se vive na Mangueira.

Esses versos marcam uma diferença, um contraponto musical: a melodia experimentada é extraída dos versos procurando uma certa diferenciação. Os intervalos musicais não giram mais em torno de um núcleo tonal, mas distanciam-se do centro, longe do território, a linha melódica desterritorializa-se.

Ferraz (2005, p. 38) declara que "a música é feita desses jogos de criar e desfazer lugares. Você escolhe um centro, gira em torno dele com alguns elementos e, de repente, é atraído por outro centro, e daí retoma o movimento". Esse movimento da composição traz à tona a processualidade criativa da subjetividade do paradigma ético-estético. Guattari (1992) ressalta a produção de novos infinitos a partir de um mergulho na finitude sensível, infinitos que se atualizam nas situações emergentes, uma alteridade apreendida na processualidade dinâmica, uma política de uma ética da singularidade.

É interessante observar que, no decorrer do processo criativo de composição musical, a comunicação entre as crianças do grupo vem se tornando mais fácil, apresentando um nível mais potente de socialização. O que é individualizado passa a ser coletivizado, as ideias e a singularidade de cada expressão tornam-se visíveis nas sonoridades coletivamente gestadas. Isso nos traz a ideia de um território que, ao invés de cristalizar-se em uma única forma, deixa-se desterritorializar, marcando universos singulares e novos modos possíveis de subjetivação. Novas formas possíveis de encontro entre as crianças do grupo, que agora também se permitem um *estar junto*, que participam de algo coletivamente criado. É nesse momento que surgem no grupo a responsabilidade com o que foi criado e a expressão dessa criação coletiva na comunidade:

> O novo paradigma estético tem implicações ético-políticas, porque quem fala em criação fala em responsabilidade da instância criadora em relação à coisa criada, em inflexão de estado de coisas, em bifurcação para além de esquemas pré-estabelecidos, e aqui, mais uma vez, em consideração do destino da alteridade em suas modalidades extremas (Guattari, 1992, p. 137).

Responsabilidade pelo que se criou, ativando a dimensão ético-política das escolhas, que não mais se referenciam a um código de lei único e transcendente, a uma ética disciplinar unicamente, mas a uma ética que se engendra no movimento processual da criação, para além de esquemas preestabelecidos. Uma das crianças perguntou: "Nós vamos apresentar essa música?". Há nessa pergunta um desejo de apresentação, uma escolha de revelar o que foi criado, pois, logo que houve a confirmação da apresentação da música, o contentamento e o engajamento do grupo foi geral.

O desejo coletivo de apresentação da música suscitou o desejo de reconhecimento da comunidade pelo que foi criado e também novas possibilidades de criação. Tão logo esse desejo se manifestou nas crianças, surgiu uma oportunidade muito significativa e inesperada de fazê-lo. A Diretora de Projetos Especiais do Centro Cultural Cartola, Nilcemar Nogueira, convidou as crianças a participarem da filmagem de um documentário da produtora Vídeo Fórum Filmes, com a participação do então Ministro da Cultura Gilberto Gil. Esse documentário foi lançado pela produtora no ano de 2008 e exibido no Brasil e no Canadá com o objetivo de discutir as questões sociais e os desafios que elas apresentam não apenas à cidade do Rio de Janeiro, mas à atual agenda política internacional.

A filmagem foi no próprio Centro Cultural Cartola e, antes do horário determinado para o evento, marquei um pequeno ensaio com as crianças. Elas estavam na expectativa porque sabiam que nessa filmagem estaria presente o Ministro da Cultura, que é um artista consagrado no cenário musical brasileiro. As crianças ensaiaram a música várias vezes, e uma delas sugeriu que no final da apresentação da música fosse lido um pequeno verso poético do Cartola, compositor de grande referência para a comunidade e o CCC que leva o seu nome. Quando chegou o momento da apresentação, a diretora da Vídeo Fórum Filmes nos sinalizou para entrar na sala em que estava sendo filmado o documentário. Lá, estava presente o Ministro da Cultura Gilberto Gil, esperando que as crianças se posicionassem nas cadeiras, que estavam disponibilizadas em círculo.

Acervo Martha Bento

Acomodamo-nos nas cadeiras com o Ministro, atento para a apresentação. Em pé, assistindo à filmagem, estavam presentes também a Diretora de Projetos Especiais do Centro Cultural Cartola, Nilcemar Nogueira, além de pessoas da comunidade que trabalham no setor administrativo do Centro Cultural e alguns assessores do Ministério da Cultura. Após anunciarmos o título da música e o objetivo do trabalho, começamos a apresentação: as crianças começaram a cantar um pouco tímidas, mas intensamente emocionadas; ao final da música levantaram-se e, juntas, recitaram o verso poético do compositor Cartola:

> Continuam nossas lutas
> Podam-se os galhos,
> Colhem-se as frutas,
> E outra vez se semeia.

Foi um momento *acontecimento*, um clima de participação, de engajamento, de revelação, derivando sentidos pautados na singularidade do grupo e da comunidade. Foi um momento marcante, intensificando o presente, dando passagem aos afetos. Todos aplaudiram a apresentação, e o Ministro deu ainda uma contribuição musical, sugerindo um final para a música, que é uma frase melódica cantada em uníssono no jogo lúdico de muitas vozes: polifonia marcando o encontro das crianças face a face com o Ministro, inserindo-as no reconhecimento da comunidade e revelando seu potencial criador para o mundo.

Terminada a apresentação, o Ministro perguntou há quanto tempo o trabalho havia começado e se havia outras músicas compostas, parabenizou o grupo, elogiando o trabalho, e depois continuou a dar a entrevista ao documentário. Falou que, no seu entendimento, cultura é o que estávamos vivenciando naquele momento: um compartilhar de referências, valores, costumes e ideias no jogo múltiplo do encontro e da relação. Contou ainda que bebeu muito na fonte musical de Luiz Gonzaga, que revela musicalmente um Brasil dos sertões, de raízes brasileiras, com sua riqueza folclórica.

Um rapaz da comunidade, que estava também filmando a entrevista do Ministro, fazendo o seu próprio documentário, fez uma pergunta significativa: "Por que o Senhor acha importante as crianças da Comunidade da Mangueira frequentarem o Centro Cultural Cartola, participando de vários projetos relacionados à arte?". O Ministro colocou que quando um jovem de comunidade carente frequenta um centro cultural que apresenta várias possibilidades para ele desenvolver suas potencialidades criativas, o mesmo jovem deixa de se envolver com as drogas, com a violência, com o tráfico, abrindo outras possibilidades de relação com a própria vida, com a família, com a sociedade, e citou esse rapaz como exemplo do que estava dizendo: "você aqui está vivenciando exatamente essa experiência".

O que foi potencializado nessa apresentação *acontecimento*? A maneira singular empregada na apresentação, com a leitura "improvisada" dos versos de Cartola, rompeu com a lógica da repetição do que é ensinado e aprendido dentro da instituição, numa política de expansão da potência da vida e dos corpos, derivando possibilidades de invenção. Se cartografar[7] é dar voz aos afetos que pedem passagem, conforme Rolnik (2007), a apresentação da música com a presença do Ministro da Cultura foi um momento mais do que significativo nessa passagem de afetos que suscitaram o reconhecimento.

A autonomia, a mobilização e o engajamento das crianças na apresentação revelaram novos vetores de subjetividade e possibilidades de criação. O desejo do grupo, encarnado na singularidade da música e na leitura do poema do compositor Cartola, revelou também aquilo que Guattari (2005) denomina como "função de autonomia". Segundo o autor, mesmo quando todas as imagens são produzidas, a vida pode ser inventada, subvertendo a modelização da subjetividade dominante. Quando um grupo encarna seu desejo em um empreendimento coletivo, como por exemplo em uma determinada linguagem musical, isso pode ter uma importância fundamental na produção de subjetividade desse grupo. Mesmo quando a criança é ainda muito pequena, ela tenta organizar seu mundo e construir sua própria maneira de perceber as relações sociais: ela participa, à sua maneira, da resistência molecular. O que ela encontra nesse processo de singularização são sistemas de identificação que são modelizantes da subjetividade. Mas é possível, de acordo com o autor, subverter essa modelização:

> É possível subverter essa posição. As pessoas que experimentam com seriedade outros métodos educacionais sabem muito bem que se pode desmontar essa mecânica infernal. Com outro tipo de abordagem, toda essa riqueza de sensibilidade e de expressão própria da criança pode ser relativamente preservada (Guattari, 2005, p. 65).

O paradigma *ético-estético-político* aponta para a necessidade de criação de novos dispositivos de produção de subjetividade. Dispositivos capazes de provocar rupturas e brechas no sistema da subjetividade dominante, ativando revoluções moleculares que são tecidas no cotidiano do grupo e da comunidade. É assim que esse projeto de pesquisa e intervenção psicossocial segue seu curso, interrogando e problematizando a dimensão estética-criativa, enquanto um dispositivo capaz de romper com a subjetividade serializada, afirmando novos devires na constituição do sujeito: que composições e modos de dessubjetivação estão sendo ativados?

As crianças da Comunidade da Mangueira convivem em uma realidade social diversificada em vários aspectos. Se por um lado ela apresenta uma intensa riqueza cultural, na qual a escola de samba é um significativo referencial, por outro lado é atravessada por múltiplas relações sociais que envolvem o convívio diário com o tráfico, a violência e as drogas. Quem sabe, a ativação de um *devir-poeta*, um *devir-artista*, através do estímulo à criatividade, à ética, à autonomia do grupo e da comunidade sejam capazes de oferecer um diferencial em modos inéditos de subjetivação? Essas são questões que estão sendo permanentemente investigadas na perspectiva de acompanhar e estimular um processo, antes que se fixar em resultados e progressos.

Seguindo as linhas moleculares de cada novo encontro, o grupo desenha no momento uma nova música em novas composições de versos, palavras, sonoridades e afetos. Progressivamente, o ritmo e a melodia estão se estabelecendo na cadência desses novos versos. Enquanto as sonoridades captam as forças invisíveis nesse processo, novas composições na arte de viver e conviver são tecidas corpo a corpo nos encontros.

Segundo Deleuze (2007), a música atravessa profundamente nossos corpos e nos põe uma orelha no ventre, nos pulmões, e etc. Ela arrebata nossos corpos para um outro elemento, livrando-os de sua inércia. "De certo modo, a música começa onde a pintura acaba" (Deleuze, 2007, p. 60), pois, enquanto a pintura descobre a realidade material do corpo, a música *desencarna* os corpos. "Ela se instala nas linhas de fuga que atravessam os corpos, mas adquirem consistência em outros lugares" (*idem*, p. 61). Que lugares são esses? A música nos coloca em relação com outros mundos e universos singulares.

Guattari e Rolnik (2005) ressaltam que a relação de um indivíduo com a música pode deflagrar um processo de percepção e sensibilidade inteiramente inédito. Por isso, não termino essa discussão sobre a música, a ética e a estética, mas deixo-a em aberto, assim como despontam os primeiros versos de uma nova música do grupo em processo, nessa pesquisa de inter(in)venção:

> Vou depressa
> Vou correndo
> Para ver o meu amor
> Ele mora muito longe
> Até de avião eu vou, eu vou
> Até de avião eu vou.

Referências

DELEUZE, Gilles. *Francis Bacon: lógica da sensação*. Rio de Janeiro: Zahar, 2007.

FERRAZ, Silvio. *Livro das sonoridades*. Rio de Janeiro: 7 Letras, 2005.

FIGUEIREDO, Luis C. *Revisitando as psicologias*. Petrópolis: Vozes, 1996.

GUATTARI, Félix. *Caosmose: um novo paradigma estético*. São Paulo: Editora 34, 1992.

GUATTARI, Félix; ROLNIK, Suely. *Micropolítica: cartografias do desejo*. Petrópolis: Vozes, 2005.

LOBO, L. F. Pragmática e subjetivação: por uma ética impiedosa do acontecimento. *Revista Psicologia em Estudo*, Maringá, v. 9, n. 2, p. 195-205, mai/ago 2004.

ROCHA, Marisa L. Educação e Saúde: coletivização das ações e gestão participativa. *In*: MACIEL, I. (Org.). *Psicologia e educação: novos caminhos para a formação*. Rio de Janeiro: Ed. Ciência Moderna, 2001.

ROLNIK, Suely. A sombra da cidadania: alteridade, homem da ética e reinvenção da democracia. *In*: MAGALHÃES, M. C. R. (Org.). *Na sombra da cidade*. São Paulo: Ed. Escuta, 1995a.

————. O mal-estar na diferença. *In*: *Anuário Brasileiro de Psicanálise*. Rio de Janeiro: Relume-Dumará, 1995b.

————. *Cartografia sentimental. Transformações contemporâneas do desejo*. Porto Alegre: Sulina / Editora da UFRGS, 2007.

SILVA, Rosane. *A invenção da psicologia social*. Petrópolis: Vozes, 2005.

VEIGA-NETO, Alfredo J. Quando a inclusão pode ser uma forma de exclusão. *In*: MACHADO, A. M.; VEIGA-NETO, A. J.; NEVES, M. M. B. J. *et al* (Orgs.). *Educação inclusiva: direitos humanos na escola*. São Paulo: Casa do Psicólogo, 2005.

Notas

1 O autor assinala que em cada época e cultura há um predomínio de uma determinada ética. Sendo assim, na Grécia clássica, por exemplo, predominava a ética da excelência; cada um era chamado a realizar por conta própria um trabalho no qual era exigida a capacidade de se *autodominar*, de se *superar* na direção de uma excelência. Nos séculos XIX e XX, predominou a ética disciplinar com o crescimento das intervenções disciplinares dos poderes públicos no âmbito das existências individuais. Ver mais sobre essa discussão e as variedades das éticas em Figueiredo, L. C. *Revisitando as psicologias. Ética, saúde e as práticas alternativas* (Vozes, 1996).

2 O trabalho foi realizado na Escola Municipal São Pedro de Alcântara no ano de 2005.

3 Adiante veremos esse conceito mais detalhadamente; por ora, podemos dizer que as linhas de fuga se referem a caminhos alternativos que sempre operam

no intuito de dissolver os contornos preestabelecidos para promover processos singulares de subjetivação.

4 No contexto da intervenção, utilizei a ideia de um diagrama relacionando-o à dimensão estética. Silva (2005) define o diagrama na perspectiva deleuziana como: um conjunto de linhas diversas funcionando ao mesmo tempo. Essas linhas tendem a fugir por todos os lados, não se conformando a um contorno preciso (Silva, 2005, p. 126). Nessa perspectiva, trabalhar com a ideia de um diagrama é se manter aberto à multiplicidade de aspectos, formas, figuras e situações que possam surgir no encontro, compondo outras configurações, num movimento processual de transformação do que está instituído.

5 O conceito de *acontecimento* empregado no contexto da intervenção se refere a uma mudança de paisagem e criação no cenário institucional. Lobo (2004) adverte que o "acontecimento", conceito complexo e deleuziano, "não se confunde com os estados de corpos, suas qualidades, misturas e marcas, nem com a linguagem e seu encadeamento de sons corpóreos. O acontecimento funda a expressão e vive através dela na linguagem. O que melhor expressa os incorporais são os verbos (no infinitivo e no gerúndio) porque eles dizem não o ser das coisas (as entidades como substantivos e adjetivos que bloqueiam as passagens e marcam as composições estratificadas), *mas maneiras de ser*. Acostumamo-nos a pensar que nos corpos existem entidades: sexualidade, doença mental, valores. Mas os corpos são puras relações de força. Tomam-se habitualmente os sentidos do mundo como natureza das coisas. É como se um avião fosse sequestrado durante a viagem e os passageiros passassem, daquele momento em diante, a habitar o sentido de reféns: seus corpos não têm mais os mesmos movimentos que possuíam sob o sentido de passageiro e o próprio corpo do avião muda também de atributo para o corpo prisão. E se esse acontecimento durasse um tempo bastante longo, o suficiente para que esquecessem que houve um dia o efeito de uma transformação incorporal sobre seus corpos e chegassem a identificar a sua natureza com a de reféns? É, em geral, o que nos acontece: somos reféns de nossos valores, assujeitados por uma subjetividade individual, impedidos de fazer novas derivações, porque tomamos os acontecimentos do nosso tempo como natureza das coisas. É que a consciência, ao contrário do que afirma a fenomenologia, habita o sentido, não o produz. Certos marxismos mantêm a crença numa consciência que age sobre o mundo, passando pela ideologia, como falsa consciência. Não se trata de desalienar a consciência para produzir mudanças. A consciên-

cia nunca é alienada de sentido – ela sabe muito bem se orientar nele, porque sua função é conservadora de adaptação. Por outro lado, produzir derivações não seria desativar a consciência – isto seria jogá-la numa força suicida; mas, ao contrário, dobrá-la em seu domínio a serviço de uma força aventureira de invenção" (Lobo, 2004, p. 202).

6 Segundo Rolnik (1995a), as diferenças fazem parte da constituição da nossa subjetividade e estão presentes através de um mal-estar. "As diferenças às quais me refiro não têm um sentido identitário, estabelecido a partir da perspectiva da representação – as supostas características específicas de cada indivíduo ou grupo, que os distinguiriam de todos os outros. Ao contrário, refiro-me às diferenças no sentido daquilo que justamente vem abalar as identidades, estas calcificações de figuras, opondo-se à eternidade. O inatual, o intempestivo. Diferenças que fazem diferença" (Rolnik, 1995b, p. 1).

7 Cartografar é a atividade de traçar mapas, mas não se refere a formar imagens estáticas, congeladas no tempo, mas sim de criar paisagens mutantes, em permanente construção e reconfiguração. Segundo Rolnik (2007), a tarefa do cartógrafo é dar voz aos afetos que pedem passagem.

Vulnerabilidade cultural de jovens da comunidade da Mangueira

Andreya Mendes de Almeida Scherer Navarro
Regina Glória Nunes Andrade

Este texto é uma reflexão transdisciplinar sobre situações atuais às quais estão expostas as populações jovens e crianças das Comunidades, em especial as que habitam o morro da Mangueira. Ele é uma reflexão no que diz respeito às questões da *autonomia e da vulnerabilidade cultural.*

Das singularidades e transformações observáveis na comunidade da Mangueira, destacam-se os seguintes espaços públicos:

- Vila Olímpica da Mangueira
- CIEP Nação Mangueirense
- Centro Cultural Cartola (CCC)
- Posto Médico
- Escola de Samba Estação Primeira da Mangueira

Esses espaços se configuram como locais independentes e a comunicação interna e externa contribui para a circulação das informações e o reforço da sensação de pertencimento de grupo, especialmente de comunidade. De certa forma, em qualquer comunidade situada dentro de uma favela estamos diante de populações excluídas que perdem sua autonomia, o que resulta no aumento da vulnerabilidade no seu cotidiano. Detectamos como razão motriz desse fato a diminuição da autoestima, o sentimento de menos valia social diante da exposição maciça das informações, das comunicações e das divulgações sobre essas crianças e jovens.

Populações excluídas

Ao tratarmos das populações excluídas levaremos em conta os efeitos da globalização a que também estão expostos as crianças e jovens da comunidade da Mangueira. Nossa reflexão parte da observação de uma população que frequenta o Centro Cultural Cartola. A comunidade da Mangueira tem uma situação especial porque tem vários projetos internacionais e é visitada cotidianamente por autoridades mundiais e nacionais. Desde o investimento do presidente norte americano Bill Clinton, em 2005, que fez uma visita totalmente coberta pela imprensa nacional e internacional, essa comunidade tornou-se modelo para as demais favelas.

Os meios de comunicação internacionais são todos disponíveis na Mangueira: há internet, TV a cabo com canais internacionais, telefonia celular e vários investimentos com capital estrangeiro através de ONGS (Organizações não governamentais) e mesmo de empresas estatais brasileiras, como é o caso da Petrobrás e dos ministérios de Educação (MEC) e da Cultura (MinC).

Nestas reflexões concordamos com o Relatório Lugano, publicado na França em 1999 e lançado em português no Fórum Social de Porto Alegre em 2002 e que constitui um eloquente alerta para os efeitos excludentes advindos da globalização atual.

De certa forma, o trabalho diagnóstico do grupo que frequenta o CCC foi o de, na vertente desse alerta sobre a exclusão, identificar as fragilidades culturais diante das vulnerabilidades socioeconômicas. Esse diagnóstico voltou-se aos perigos, às ameaças e aos obstáculos do sistema neoliberal apontado em vários tópicos, dos quais destacamos os que mais atingem as populações excluídas:

a) o desequilíbrio ecológico: escassez de água, ocupação desordenada e predatória das encostas e logradouros, falta de saneamento;
b) o crescimento pernicioso: o paradoxo econômico significa que cada vez mais o crescimento do Produto Interno Bruto se expande com custos de segurança, construção de presídios, reabilitação de drogados entre outros;
c) a distribuição de renda: as desigualdades e contrastes crescentes constituem uma ameaça à autonomia;

d) capitalismo de quadrilha: o crime em larga escala, economias paralelas, tráfico de drogas, contrabando de armas, pirataria, etc.

O diagnóstico se completa concluindo que o crescimento econômico torna-se, cada vez mais, fonte de empobrecimento. Diante desse diagnóstico são examinados os mecanismos de controle, pois as instituições internacionais, envelhecidas e ineficazes, (ONU, FMI, Banco Mundial, etc.) oferecem trabalhos paliativos a essa população.

Nossa atenção, desde o primeiro momento da investigação – teórico e científico – foi o de registrar estas carências que foram apontadas no relatório Lugano e identificar outras tantas peculiares à comunidade da Mangueira. Nosso método empírico foi baseado nas observações, nos depoimentos de jovens, da liderança do Centro Cultural Cartola e mesmo em outros trabalhos lá realizados.

Autonomia cultural e fragilidade

Mapeando a bioética intervencionista, que não é preocupação exclusiva de médicos, cientistas, legisladores ou políticos, mas a base de novas e constantes indagações psicológicas e sociais, refletindo-se sobre essa população, foram encontrados quatro princípios vetores:

- Autonomia
- Beneficência
- Não maleficência
- Justiça

Aqui nos interessam dois princípios: o da autonomia e o da justiça.

O *princípio da autonomia* diz respeito à liberdade individual: considera-se que a própria pessoa saiba o que é melhor para si, observando-se o estado de plena consciência e a faculdade mental. Deve haver uma total e irrestrita troca de informações entre os agentes, porque o princípio da autonomia está intrinsecamente ligado ao livre consentimento das pessoas envolvidas, na medida em que estas devam ser sempre informadas dos atos e consequências das relações sociais; é o principal princípio da Bioética, visto que os demais estão vinculados a ele.

A autonomia é abordada filosoficamente e o termo deriva de duas palavras gregas que são *autos* (o mesmo, ele mesmo e por si mesmo) e *nomos* (compartilhamentos, lei do compartilhar, convenção). Dessa forma, verifica-se que autonomia incorpora duas convicções éticas: primeiro as pessoas devem ser tratadas com autonomia e, segundo, as pessoas cuja autonomia está diminuída são vulneráveis.

Em função dessa compreensão, essa pessoa vulnerável deve ser protegida, combinando-se assim o *princípio da autonomia* com o do *princípio da justiça*. Esse último princípio rege que a justiça deva ser distributiva, que todos devem ter acesso aos meios sociais, independente de sua situação socioeconômica. Não se tem autonomia se não houver justiça distributiva, pois sem esta a autonomia da pessoa fica restrita a sua condição econômica.

No Brasil e em outros países em desenvolvimento, os direitos humanos básicos são desrespeitados levianamente. O serviço público é de baixa qualidade por falta de investimentos e raramente funciona, apesar de o Estado ter o dever de dar acesso à saúde, educação, moradia, lazer e direitos iguais assim como condições de tratamento e benefícios relativos aos avanços biotecnológicos.

Nesse sentido, é importante lembrar, quanto maior o investimento estatal preventivo mais produtiva será uma população saudável, gerando riquezas e não onerando o Estado com aposentadorias por invalidez, por exemplo.

O princípio da justiça não deve valer somente para a redistribuição igual dos recursos existentes: seu fundamento ético é o de permitir e ajudar cada um dos seres humanos a ser verdadeiramente autônomo e, por meio de suas decisões livres, melhorar a si mesmo e multiplicar a riqueza moral e material da sociedade. O princípio da justiça, identificado com o princípio da equidade, aborda a relevância social da pesquisa com vantagens para os sujeitos da pesquisa e minimização do ônus para os sujeitos vulneráveis, garantindo o sentido maior de sua destinação sócio-humanitária.

De acordo com Giovanni Berlinguer (1996, p. 43), é preciso determinar a relação equilibrada entre a autonomia e a ordem social e jurídica, pois vivemos uma época de afirmações complexas, pois como "os direitos dos indivíduos têm a preeminência sobre os interesses da sociedade e da ciência [...] a sociedade deve garantir um acesso igual aos serviços da saúde".

As crianças e os jovens da comunidade não têm consciência explícita de seus direitos, sobretudo no que diz respeito aos bens culturais. O samba, que sempre foi o principal produto dessa comunidade, tem sido descaracterizado pelo surgimento do *funk* e, sobretudo, dos *Bailes Funk*, que atraem para o seio da comunidade carente jovens de todas as classes sociais e econômicas.

Em relação ao Centro Cultural Cartola, exceto as músicas do seu maior inspirador, o Cartola, as músicas que são tocadas na orquestra de violino e de flauta pelas crianças e jovens são do repertório de músicas clássicas. A professora Nilcemar Nogueira, Diretora de Projetos Especiais do CCC, diz que "a música clássica é fina e chique", mas também observa que os métodos aplicados para os estudos de violino são baseados em músicas do repertório clássico. Outros trabalhos que lá são desenvolvidos com os jovens e crianças são voltados para a autoestima e buscam as raízes da negritude e de ancestralidade cultural para fortalecer a autonomia cultural assim como perpetuar as produções e os direitos daí advindos.

Vulnerabilidade e desamparo

Na verdade, qualquer reflexão sobre vulnerabilidade, quer seja psíquica, ou mesmo a cultural, estará voltada para questões estruturais formadoras do sujeito. Por essa razão é que buscamos em Sigmund Freud, no texto "O mal-estar na civilização" (1930/1969), alguma explicação e modo de compreender a questão. Freud nos diz que a racionalidade não é instintiva, pois a razão aparece como invenção da ciência e cria ideais motivados por interesses obscuros. Analisa que a sociedade tem necessidade de proibições e que esses fatos produzem um *mal-estar* crescente, sempre presente, que acarreta a pulsão de destruir por causa das vivências de castração. Assim é que os instintos reprimidos atuam como se estivessem dentro de uma pressão, necessitando de várias fontes de saída para o sujeito. Uma destas fontes, por exemplo a resistência cultural advinda de um excesso de identificação cultural, criou a necessidade de uma mediação cultural globalizada para que possamos viver em sociedade sem radicalismo extremos como o que ocorreu durante o colonialismo cultural no século XX e ocorre atualmente na pós-modernidade. Então, Freud (1930/1969) diz que:

> O campo da ética, tão cheio de problemas, nos apresenta outro fato: a má sorte – isto é, a frustração externa – acentua grandemente o poder da consciência no superego. Enquanto tudo corre bem com um homem, a sua consciência é lenitiva e permite que o ego faça todo tipo de coisas; entretanto, quando o infortúnio lhe sobrevém, ele busca sua alma, reconhece sua pecaminosidade, eleva as exigências de sua consciência, impõe-se abstinência e se castiga com penitências (Freud, 1930/1969, p. 149).

A ética e a Bioética estariam assim associadas porque "Povos inteiros se comportaram dessa maneira, e ainda se comportam. Isso, contudo, é facilmente explicado pelo estágio infantil original da consciência, o qual, como vemos, não é abandonado após a introjeção no superego, persistindo lado a lado e por trás dele (Freud, 1930/1969, p. 150).

Devemos pensar como Freud? O que ele chama de *má sorte*? Nascer pobre e morar numa favela no Rio de Janeiro? Explicar essa condição através do "destino que é encarado como um substituto do agente parental" como ressalta Freud (1930/1969, p. 150)? Afinal, "a ética natural, tal como é chamada, nada tem a oferecer aqui, exceto a satisfação narcísica de poder pensar que se é melhor do que os outros" (*idem*, p. 151).

A compreensão freudiana vai em direção contrária à ética kantiana, que nos coloca em três direções que formam uma totalidade. Em primeiro lugar a ideia de autonomia, ou seja, de que o agir ético caracteriza-se pelo assumir, cada um de nós, determinadas regras de conduta: no terreno ético, de sermos ao mesmo tempo o soberano e o súdito – e para isso se impõe a ideia de uma hierarquia ética, em que seguimos regras que nos são impostas. Em segundo lugar, a expressão do que seria uma regra ética racional: aquela que possuísse um critério de escolha, o de desejá-la como regra universal – o que significa: trate os outros como deseja ser tratado. Em terceiro lugar, a ideia de pessoa, que é aquela que busca entre autônomo e racional o que não pode ser tratado como meio, mas também como fim. Provavelmente nesse terceiro aspecto transpareçam as pulsões de morte e vida em combate.

Como a sociedade só se mantém desviando os instintos (sublimação, superego, moral), a democracia segundo a compreensão freudiana seria uma sublimação; as normas jurídicas são um sistema de regulação do superego e as sanções, procedimentos culturais explícitos.

Mas essas reflexões necessitam de mais elaboração, porque Freud, no mesmo texto "O mal-estar na civilização" (1930/1969), nos incita a pensar que:

> Ainda assim, o comportamento dos seres humanos apresenta diferenças que a ética, desprezando o fato de que tais diferenças são determinadas, classifica como "boas" ou "más". Enquanto essas inegáveis diferenças não forem removidas, a obediência às elevadas exigências éticas acarreta prejuízos aos objetivos da civilização, por incentivar o ser mau (Freud, 1930/1969, p. 132).

Assim é que, além de meras analogias, em outro texto procuraremos elaborar um *ethos praxis*[1] que combata a "neurose" do nosso tempo no que concerne à *Cultura da indiferença*. Certamente estamos sugestionadas por Freud (1930/1969) no interior da série de caminhos por onde se conduz o debate ético contemporâneo, no qual não se pode deixar sem resposta a questão freudiana quando ele alerta que:

> Em resultado disso, o seu próximo é para eles não apenas um ajudante em potencial ou um objeto sexual, mas também alguém que os tenta a

satisfazer sobre ele sua agressividade, a explorar sua capacidade de trabalho sem compensação, utilizá-lo sexualmente sem seu consentimento, apoderar-se de suas posses, humilhá-lo, causar-lhe sofrimento, torturá-lo e matá-lo. *Homo homini lupus*[2] (Freud, 1930/1969, p. 133).

Portanto, um incentivo às investigações sobre a *cultura da indiferença* – aparente insensibilidade moral/inconsciência doentia (dicionário Aurélio) que seria uma dessas condições humanas da agressão – é premente. Enquanto Karl Marx buscou a análise social, privilegiando a própria sociedade, Freud privilegiou o próprio ser humano, o *sujeito*.

No que concerne ao Direito, o estrato cultural do Estado moderno considera que, a partir das noções de civilização e pulsão de morte, do nível individual e sua mudança para o social, *ser* sujeito se constrói através dos direitos, partindo do seu próprio direito à vida, à liberdade, à justiça e, ainda mais, do que ele, o sujeito, identifica para o *outro* como os mesmos direitos e o mesmo dever de preservação humana que ele tem.

O livro *Ensaio de uma ética para a civilização tecnológica* (1995), de Jonas, é considerado uma obra-prima. Nele, o autor aborda o *princípio da responsabilidade* apresentado em seis capítulos. Jonas (1995) avança, em perspectiva global, o conjunto das principais questões a que o ensaio se encarrega de oferecer resposta; o segundo capítulo é dedicado às questões de fundamento e método; o terceiro e o quarto constituem a parte mais difícil e espinhosa de todo o empreendimento, que é como Jonas caracteriza sua própria posição.

Nessa fundamentação, Jonas (1995) procura legitimar filosoficamente a passagem, desautorizada pela filosofia moderna, do plano do *ser* e da *existência* para o plano do *dever-ser*. Tal legitimação tem como propósito oferecer fundamentação à ideia central da ética que para Jonas é a ideia de dever e responsabilidade do agente humano relativamente à natureza e ao futuro das próximas gerações humanas sobre a Terra.

O novo objetivo é que o poder liberado pela tecnologia não se restrinja ao sujeito individual, porque seu verdadeiro destinatário é a sociedade. A preocupação central de Jonas diz respeito aos efeitos, cumulativos e irreversíveis, da intervenção tecnológica sobre a natureza e sobre o próprio homem. Segundo o autor, o novo poder tecnológico abriga uma dimensão ameaçadora e potencialmente perigosa. O risco que se encontra encerrado no sucesso extraordinário do poder tecnológico é aquele que envolve a possibilidade de desfiguração da essência daquilo que tradicionalmente é pensado sob o valor humanidade.

Diante desse risco, Jonas (1995) propõe uma postura fundamental de temor e reverência. Não se trata da mera existência do ser humano, mas da preservação contra a *hybris*[3] da intervenção e da manipulação tecnológica. Essas condições sob as quais se compreendeu e se compreende o essencialmente humano, com as ambivalências e oposições características do mistério e de sua liberdade, pertencem às experiências de fortúnio e infortúnio, prazer e dor, bem e mal, nas quais se desdobra a epopeia humana e sua história. A preservação dessa essência constitui a meta principal da ética da responsabilidade.

Sendo a responsabilidade uma noção humanista ética que só tem sentido para o sujeito consciente, imerso no mundo axiológico, a ciência, na concepção *clássica*, ainda é atuante. Assim é que a responsabilidade que reina em nossos dias separa, por princípio, fato e valor, ou seja, elimina do seu meio toda a competência ética e baseia seu postulado de objetividade na eliminação do sujeito do conhecimento científico.

Responsabilidade, portanto, não é sentido e não é ciência. O pesquisador é irresponsável por princípio e profissão, estabelecendo, dessa forma, o mito da neutralidade científica. No âmbito social, não cumprir uma responsabilidade implica para o sujeito censuras e punições. Segundo esses princípios éticos, a ampliação da responsabilidade é o tema central da teoria política e da ética.

No entanto, o trabalho na comunidade traz sempre uma série de inquietações as quais não podemos desconhecer e nem negar. A observação da Profa. Raquel Paiva no livro *Comunidade e contra-hegemonia* (2008) nos alerta para esse fato:

> Não há como negar, por exemplo, a existência da criminalidade nas favelas, nem tampouco que a expansão dessas áreas afeta significativamente as atividades econômicas do estado, aumenta a insegurança da população e compromete a preservação ambiental. Mas cabe uma série de questionamentos que, frequentemente, são deixados de lado na cobertura jornalística, como as razões que levam um noticiário a ser pautado majoritariamente por esse tipo de discurso (Paiva e Nóra, 2008, p. 22).

Considerações finais

Assim é que, iniciando este texto com observações e reflexões sobre a vulnerabilidade e a autonomia de jovens e crianças, partimos da observação empírica e chegamos a alguns conceitos teóricos. Tendo em vista os conceitos teóricos aqui abordados e a realidade prática e cotidiana, concluímos que devemos estar atentos à deterioração das produções culturais das populações. A falta de autonomia das crianças e dos jovens das comunidades carentes leva ao aumento crescente da vulnerabilidade socioeconômica e da fragilidade cultural. Considerando toda a evolução da modernidade para a pós-modernidade e as novas formas artísticas de expressão, nos preocupamos com os desvios que poderão acontecer em relação às marcas ancestrais que fundam as identidades sociais e culturais.

Que o samba permaneça vivo nos murmúrios e nos tamborilar dos jovens atuais!

Referências

ANDRADE, Regina. *Personalidade e cultura: construções do imaginário.* Rio de Janeiro: Revan/FAPERJ, 2003.

BERLINGUER, Giovanni. *A mercadoria final: a comercialização de partes do corpo humano.* Brasília: Editora da Universidade de Brasília, 1996.

BHABHA, Homi. *O local da cultura.* Belo Horizonte: UFMG, 1998.

BOURDIEU, Pierre. *Meditações pascalinas.* Rio de Janeiro: Betrand Brasil, 2001.

CANCLINI, Néstor. *Diferentes, desiguais e desconectados – mapas da interculturalidade.* Rio de Janeiro: UFRJ, 2005.

FREUD, Sigmund. O mal-estar na civilização (1930). *Edição standard brasileira das obras psicológicas completas de Sigmund Freud*, v. XXI. Rio de Janeiro: Imago Editora, 1969.

GEORGE, Susan. *O relatório Lugano.* São Paulo: Boitempo, 2002.

HARVEY, David. *Condição pós-moderna – uma pesquisa sobre as Origens da Mudança Cultural.* São Paulo: Loyola, 1996.

JONAS, Hans. El principio de responsabilidad – ensayo de una ética para la civilización tecnológica. Barcelona: Herder, 1995.

MAFFESOLI, Michel. *Sobre o nomadismo.* Rio de Janeiro: Record, 2001.

NAVARRO, Andreya. *O obscuro objeto do poder.* Rio de Janeiro: Lumem Júris, 2007.

PAIVA, Raquel; NÓRA, Gabriela. Comunidade e humanismo prático: a representação da periferia no Rio de Janeiro. *In*: PAIVA, R. e SANTOS, C. H. R. (Orgs.). *Comunidade e contra-hegemonia.* Rio de Janeiro: Mauad X/FAPERJ, 2008.

YÚDICE, George. *A conveniência da cultura – usos da cultura na era global.* Belo Horizonte: UFMG, 2004.

Notas

[1] Tese sendo elaborada com conclusão prevista para novembro de 2009.

[2] O homem é o lobo do homem. Citado de Plauto, Asinaria II. Sec. IV (Citação de Freud).

[3] Hibris: desafio, mistura, arrogância dos homens contra os deuses na Grécia antiga.

Sobre os autores

Andreya Mendes de Almeida Scherer Navarro
Professora visitante da Universidad Americana. Professora Adjunta da Universidade Cândido Mendes. Doutora em Psicologia Social pela Universidade do Estado do Rio de Janeiro (2009). Mestre em Direito pela Universidade Estácio de Sá (2002). Autora do livro *O obscuro objeto do poder* (2006). Contato: andreyanavarro@hotmail.com

Cândida Rosa Ferreira Costa
Mestre em Psicologia Social pela Universidade do Estado do Rio de Janeiro (2004). Especialista em Telejornalismo pela Universidade Estácio de Sá (2001). Graduada em Comunicação Social pela Universidade Federal do Rio de Janeiro (1997). Contato: candidarosa31@hotmail.com

Cibele Mariano Vaz de Macêdo
Doutoranda e Mestre (2009) em Psicologia Social pela Universidade do Estado do Rio de Janeiro. Especialista em Psicoterapia de Criança, Casal e Família (2008), em Gestalt-terapia (2006) e Graduada em Psicologia (2003) pela Pontifícia Universidade Católica de Goiás. Desenvolve pesquisa sobre território, socialidade e subjetividade. Contato: cibelevaz@gmail.com

Edna de Assunção Melo Chernicharo
Mestre (2010) em Psicologia Social pela Universidade do Estado do Rio de Janeiro. Psicanalista Membro da Escola Letra Freudiana – RJ. Profes-

sora da Fundação Getúlio Vargas (CADEMP-FGV) – RJ e Professora da FUNCEFET/IDEHGE-Escola Empresarial – RJ. Contato: ednaamc@gmail.com

João Maia

Doutor em Sociologia pela Université de Paris V – René Descartes (1993). Pós-Doutor em Estudos Culturais pela Universidade Federal do Rio de Janeiro (2005). Mestre em Comunicação pela Universidade Federal do Rio de Janeiro (1990). Diretor e Professor Adjunto da Faculdade de Comunicação Social da Universidade do Estado do Rio de Janeiro. Coordenador do Projeto de Pesquisa CAC – Comunicação, Arte e Cidade. Contato: cac_mangueira@hotmail.com

Martha Bento Lima

Mestre em Psicologia Social pela Universidade do Estado do Rio de Janeiro (2009). Graduada em Psicologia pela Universidade Católica de Petrópolis (2005). Professora Substituta do Instituto de Psicologia da Universidade do Estado do Rio de Janeiro. Facilitadora Titular de Biodanza formada pela Associação Latino-Americana de Biodanza (1996). Formação musical pelo Conservatório Brasileiro de Música – Centro Universitário – RJ e Centro de Aperfeiçoamento Musical Ian Guest. Contato: marthalima.uerj@hotmail.com

Nilcemar Nogueira

Mestre em História, Política e Bens Culturais pela Fundação Getulio Vargas (2005). Diretora de Projetos Especiais do Centro Cultural Cartola. Diretora Cultural e de Carnaval do GRES Estação Primeira de Mangueira. Coordenadora da Pesquisa de reconhecimento do Samba Carioca como patrimônio Imaterial do Brasil. Autora do livro *Dona Zica – Tempero, amor e arte* (2004). Contato: nilcemar.nogueira@gmail.com

Pedro Prata

Mestre do Programa de Pós-Graduação em Comunicação Social pela Universidade do Estado do Rio de Janeiro (2009). Graduado em Comunicação Social pela Universidade do Estado do Rio de Janeiro (2005), com habilitação em Relações Públicas. Membro do grupo de pesquisa Comunicação Arte e Cidade (CAC). Desenvolve pesquisa sobre comunicação, juventude e cidadania cultural. Contato: pedrohprata@gmail.com

Regina Glória Nunes Andrade

Doutora em Comunicação Social pela Universidade Federal do Rio de Janeiro (1988). Pós-Doutora pela Université de Paris V – René Descartes (1992), pela Universidade Federal da Bahia (2000) e pela Universidade Federal Fluminense (2008). Professora Titular da Universidade do Estado do Rio de Janeiro. Coordenadora do Programa de Pós-Graduação em Psicologia Social – UERJ. Coordenadora do Projeto de Pesquisa Construções de cidadania, cuidado de si e saúde com jovens do Centro Cultural Cartola. Contato: reginagna@terra.com.br

Sonia Bahia

Doutora em Psicologia Social pela Universidade do Estado do Rio de Janeiro (2009). Mestre em Sociologia pela Universidade Federal da Bahia (1999). Professora Adjunta do Instituto de Psicologia da Universidade Federal da Bahia. Contato: solugu@uol.com.br

Tereza Cristina Almada Eustáquio da Silva

Mestre em Psicologia Social pela Universidade do Estado do Rio de Janeiro (2006). Graduada em Comunicação Social. Contato: tereza.cristina@globo.com

Este livro foi impresso nas oficinas gráficas da Editora Vozes Ltda.,
Rua Frei Luís, 100 – Petrópolis, RJ.